JN029928

エクスペリエンス指向の システム開発

従業員体験が顧客体験を高める

NSSOLアカデミー・サービスデザインワーキンググループ

インプレス

はじめに

課題提起

　昨今の社会は、急速に進化するテクノロジーを活用し生活者にとって、より価値の高いプロダクトやサービスを次々に生み出している。人々の暮らしは日を追って便利になっている。一方で、人生の多くの時間を占める労働現場において、人々は幸せになっているのだろうか？日々、上司からプレッシャーをかけられ、面白くもない目的不明のタスクをこなさなければならず、コミュニケーションに苦労し、使いづらいシステムに辟易して、知らず知らずのうちに消耗しているのではないだろうか？

　ビジネスの変化のスピードが増す中、業務効率ばかりが求められ働く人の感情が置き去りになっているように感じている。組織として存続・発展するために経済合理性を求めるのは当然だが、「人」と向き合う姿勢がぽっかり抜けているのではないか。プライベートでは人の行動や感情を変える難しさをよく分かっているはずなのに、なぜ私たちは仕事になると、その難しさから目を背けてしまうのか。これは個人のせいではなく、組織やIT（Information Technology：情報技術）システムなどの「仕組み」によるところが大きいと考えている。

　仕組みの中で人の感情が軽視されることで、ビジネスに悪影響が及んでいる例も見受けられる。例えば、一定期間のアウトプットの効率を「生産性」として定義し各組織に目標を課す組織の場合、従業員は「期限までにアウトプットを出す」ことに追われることになる。そこには「顧客の感情」や「従業員の感情」の観点は存在しない。

　こういった組織において、効率を追求するあまり上司が部下のミスを叱責する環境ができていると、部下が上司に対して報告、相談をしなくなり、逆に業務効率が下がったりミスを隠蔽したりするようになる。従業員の感情を軽視し、利益や生産性といった数字を追いすぎる結果、組織全体の歪みに発

展する。それが 2023 年には組織的な不正として表出した例が相次いだ。

　これは極端な例だが、従業員の不幸がビジネス上の不利益につながるようなことは、どのような組織でも多かれ少なかれ存在しているだろう。

　働く人の幸せと経済合理性は両立できないのだろうか？　私は、人とビジネスの両方を深く理解し、関係性をデザインして仕組み化することで両立できると考えている。そして、その実現手段として IT が大きく貢献できるはずだ。

　近年、経営視点では従業員を単なるリソースではなく価値を生み出す個人として捉える「人中心」の潮流が高まっている。これはとても良い流れだと思う。ただ、具体的な施策は社内制度の拡充や見直しにとどまっており、従業員が多くの時間を費やす日々の業務を「人中心」として捉え直すところまでには至っていないように見える。

　私は、従業員や組織の力を真に最大化するためには、個々人の働き方をよく見直すことが重要だと考えている。現在は多くの業務が IT システムによって成り立っているだけに、IT システムの企画・開発現場が従業員の働き方に向き合っていく必要がある。先に書いた通り、仕事の現場において従業員が「人」と向き合えるかどうかは仕組みによるところが大きい。その仕組みを作っている私たち IT システム開発従事者には大きな責任がある。私たちこそが「人」をよく理解し、人と人、人と環境の関係性を「仕組み」として実装することで、働き方そのものを良いものにしていけるはずだ。

　ただ、現在の IT システム開発の現場自体が「人中心」の考え方にアプローチできる仕組みになっていないという問題がある。システム開発の現場では、昔ながらのプロセス中心の手法が変わらず使われており、人ではなく業務プロセスが重視され続けている。私たちが作っているのはツールとしての IT システムではなく、人と人、人と環境の関係性であることを再認識して、開発の仕組み自体を柔軟に変えていく必要があるだろう。

私は、日本のシステム開発のあり方が変わることで日本の産業全体の従業員幸福度と生産性の底上げができると信じている。そのためには、システム開発に関わるシステムインテグレーター、ITコンサルティング会社、IT人材会社、企業のシステム部門など、システム開発のエコシステム全体で協調して変化する必要がある。この変化を起こすための共通目標として本書が役に立てば幸いだ。

本書の全体像

　本書では、従業員体験中心のシステム開発にシフトするにあたって変えるべき要素として、大きく「思考方法」「開発手法」「実装方法」の3つについて述べる（**図表1**）。

思考方法：アウトプットを出すための「プロセス」ではなく、アウトカムである顧客価値を生み出す「従業員」と「従業員の体験」に着目し、意思決定

図表1

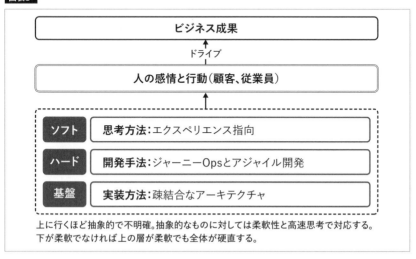

上に行くほど抽象的で不明確。抽象的なものに対しては柔軟性と高速思考で対応する。
下が柔軟でなければ上の層が柔軟でも全体が硬直する。

プロセスを再構築することを提案する（2章、3章）。

　システム開発が生み出そうとしているのは「デジタルツール」ではなく、従業員が価値を生み出しやすくする「環境」である。不要なタスクをなるべく排除し、他人とのコミュニケーションを取りやすくし、仕事に対する創造性を最大限発揮して価値を生み出してもらうことがゴールだ（**図表2**）。それは「従業員体験」を高めることと同義と言える。

開発手法：人の感情という不明確なものに対して、「ジャーニーOps」と「アジャイル開発」をベースに、ステークホルダーがどのように協力して取り組んでいくのかについて述べる（4章、5章、6章）。

図表2　プロセスとエクスペリエンスの比較

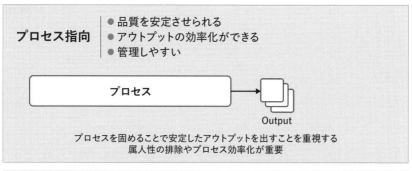

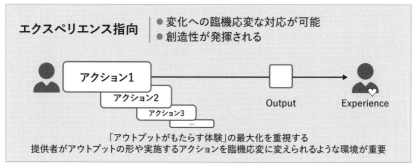

「従業員の感情」を組織的にマネジメントできるようにして、「従業員の力を最大化する体験」を組織として連動しながら実現していくための「ジャーニー Ops」という考え方について詳しく見ていく。

また「従業員の力を最大化する体験」を繰り返し検証しながら実装していくための正しいアジャイル開発について理解を深める。アジャイル開発の概念自体は既に一般的になっているが、本当に価値を追求するアジャイル開発を進めるためには設計・実装の進め方をなぞるだけでは不十分だ。社内の力関係の調整、開発に関わる複数企業間の連携の取り方、メンバーのモチベーション醸成など、成功に必要なさまざまな要素について述べる。

実装方法：検証を繰り返す開発スタイルに必要な、柔軟性をもたらすシステムアーキテクチャと開発環境について述べる（7章）。

思考方法や開発プロセスが変わっても、アーキテクチャーや開発環境が足を引っ張り、柔軟で素早い変化を阻害することがある。軽快な"エルフアーチャー"が、ぶ厚い"プレートアーマー"を纏っているようなもので、環境や状況の変化に合わせた臨機応変な動きができなくなってしまう。設計、開発体制、運用体制等とアーキテクチャーが、どのように関係するのかを見ながら、理想的なアーキテクチャーについて理解を深めよう。

これら3つの要素に変化を起こすことを共通認識とし、組織や企業をまたいで協力しながらシステム開発の世界を変えていって欲しい。

システム研究開発センター サービスデザイン部 BXDC 惠島 之維

CONTENT

CHAPTER 1

EXが競争力を生む時代

1-1 | DXについて

DXとは「顧客価値」を生み出すための組織変革である

DX（Digital Transformation：デジタルトランスフォーメーション）への
取り組みが日本でも本格化しています。その定義はさまざまですが、経済産
業省は、デジタル技術活用に向けた経営ビジョンの策定・公表など経営者に
求められる対応をまとめた「デジタルガバナンス・コード」において、次の
ように定義しています。

「企業がビジネス環境の激しい変化に対応し、データとデジタル技術を活
用して、顧客や社会のニーズを基に、製品やサービス、ビジネスモデルを変
革するとともに、業務そのものや、組織、プロセス、企業文化・風土を変革
し、競争上の優位性を確立すること」

この定義の意図することは、「DX」は「単にITを企業業務に導入すること」
や「業務プロセスをITに置き換えること」ではなく、「顧客や社会のニーズ
を基盤に、企業が持つ、さまざまな側面、例えば企業文化やビジネスモデル
をも変革することで、新しい顧客価値を創出すること」を指しています。こ
のような文脈では、企業は大きな変革を求められているため、実際に実行す
ることはハードルが高いように感じるでしょう。経営者は何から手をつけれ
ばよいのか途方にくれるのではないかと思います。

経済産業省は、DX推進に向けて次のようなDX推進指標を示しています。

● ビジョン・戦略の観点ではデータやデジタル技術を使って変化に対応しつ
　つ、顧客視点でどのような価値を創出するのか、社内外でビジョン共有が
　できているか

●マインドセット・企業文化 / 推進体制・人材育成・確保
●事業への落とし込み・ビジネスモデル
●ビジョン実現のための IT システムの構築
●ガバナンス・体制
など

　これからも分かるように、DX は特定人材や特定 IT システムだけにフォーカスするのではなく、戦略・組織・全体 IT システムと、経営全般を対象にします。つまり DX 実現の難しい点は、一つの事業についてだけを考えればよいのではなく、企業全体について考える必要があることです。このため顧客や社会のニーズを正確に把握する等で顧客が得たい価値を再定義し、それに基づいて企業戦略を描いて事業化へ落とし込み、またそれに基づいてマインドセットや組織文化のソフト面を変えていくことが必要になります。よくありがちな、IT システムだけを刷新・構築する考え方では、DX の実現達成とはならないでしょう。

　既に言及したとおり本来求められている DX は、企業戦略から見直していくことになるため、DX を具現化するためには企業全体の活動が必要になります。繰り返しになりますが、これまでの IT システム開発の多くは、既存のビジネスプロセスを IT を用いて省力化・効率化することを主目的に進められてきました。ですが DX は、企業のビジネスモデルや企業間サプライチェーンをも変化しうる考え方になります。

「顧客価値」が複雑になっている

　企業戦略における企業ドメイン設定、ターゲティング、ビジネスモデルを考える上で重要な顧客価値について、もう少し踏み込んで考えてみましょう。

　かつては、製品やサービスは需要が供給よりも多く、製品やサービスの機

能性を追求することで市場が広がっていました。いわゆる機能的価値追求です。しかし、次第に市場が飽和していくと、各企業間で製品やサービスの機能的価値の差別性が出しにくくなりました。製品やサービスにおける機能性価値での差別性を出すことが難しくなると、「モノからコトへの変化」と言われているように情緒的価値（感情からの価値）に注目が集まり、情緒的価値の追求が、企業の製品やサービスの差別性になってきました。情緒的価値とは製品やサービスの体験価値です。

　情緒的価値はユーザーの感情に関係し、単なる製品やサービスの機能性追求よりも複雑です。それだけに、複雑化する顧客の真の要望や期待を理解し、サービス提供に反映することが非常に重要になります。

情緒的価値による差別性のあるサービスの例

　ユーザーの真のニーズや期待を理解し、サービス改善につなげている好例の一つに、フリーマケット用アプリケーションの「メルカリ」が挙げられます。従来、一般消費者が中古品マーケットプレースで売買する際には、条件やいくつかの操作手順が必要で、実際に成約に至るまで、ユーザーにとっては心理的負担がありました。

　これに対しメリカリは、スマートフォンから商品を簡単に出品できるようにしただけでなく、少額での販売や、売買の駆け引き、循環型社会に貢献している感覚など、メルカリを通じて売買することで、その一連の活動の楽しさや社会貢献の喜びを感じられるように設計しました。ユーザーの感情を分析し、よりよい体験ができるように設計し、顧客満足向上につなげています。

　このように、機能的価値だけではなく、情緒的価値も取り入れることで、広く利用されるサービスになっています。

顧客価値を生み出す源泉としての「従業員」

　企業における顧客価値の創出の面を考えてみましょう。例えば、美容院サービス業では、顧客は個々の従業員から個別にサービスを受けます。価値創出の観点では、美容院の従業員である美容師が一人一人の顧客に対し、どのような価値を提供すべきかを考え（顧客のスタイルの好み、顧客に似合うかどうか、どのようなコミュニケーションスタイルを好むか等）、高い品質の理髪や他サービスを提供することで、高い顧客満足からの顧客ロイヤリティが高まり、リテンションによる美容院サービスビジネスが成り立ちます。単純に理髪という機能を提供しているだけでなく、顧客の反応を見ながらサービスの内容を細かく変えていることで、より高い顧客価値を生んでいるのです。

　サービス業を例に挙げましたが、実際は製造業における工場内製造や多くの会社のオフィス内業務など、直接顧客の顔が見えない状態で、業務を遂行するケースの方が多いと思います。このような場合も、従業員が顧客の反応をフィードバックとして製品やサービスの開発に活かすようにすると、顧客への価値向上につながり、ひいては、企業価値向上につながるでしょう。

顧客の反応を取り入れることで顧客価値を作り出している例

　消費財メーカーの米P&Gは、「購入する瞬間」「使う瞬間」「ファンになる瞬間」という3つの「真実の瞬間（Moment of Truth）」という概念を用いることで、商品を単なる消費財の販売ではなく、体験ととらえて価値を作り出していました。これらの瞬間を作り出すために、消費者と一緒に「生活してみる」「働いてみる」というプログラムを導入し、消費者は何を望んでいるのか、楽しい経験とは何かを理解し、イノベーションを生み出す仕組みを作りました。マーケティング部門だけでなく、あらゆる職位、職務の管理職をはじめこのプログラムへ参加することをルール化することで、消費者中心の考え方を社内に浸透させ、顧客との共創を実現しています。

1-2 | EXとは何か

顧客価値を生み出す従業員の行動に必要なもの

　前節で言及したように、顧客価値は外部環境に敏感に変化するものであり、複雑です。また企業の顧客への提供価値は、その組織や従業員の行動に大きく影響を受けます。

　では今度は、企業に属する従業員の視点から考えてみましょう。従業員は上司からの業務下命だけで、顧客への提供価値を上げる行動が取れるでしょうか？　競争優位となるほどの価値に到達するのは難しいと推測します。

　多くの場合、企業の顧客に対するビジネスは、市場や顧客調査・競合・自社分析をした上で、組織的な戦略立案、そして戦略に基づく施策策定とトップダウンでブレイクダウンされ、具体なタスクとして現場従業員に伝えられます。戦略に沿った施策という点では整合性がとれています。

　しかし、このアプローチでは、現場従業員が気づくような現場ならではのリアルな顧客要求、特に情緒的な面が見落とされがちです。おそらくトップダウンで決定されるビジネスサービスは価値的には機能的価値に過ぎず、顧客の情緒的価値（感情面に訴える価値）まで含めた真の顧客価値を生み出すには至らないのではないでしょうか。そこでボトムアップな活動を考えます。この場合、現場従業員起点で価値を創出するためには、現場従業員一人一人の自律的行動による起案・提案が必要でしょう。

　では自律的行動を促すには、どうすればよいでしょう。従業員が自律的に顧客価値を創出しようとする行動は、「何等かの報酬的インセンティブ」や「事業に対して自らが感情・意思を込めて貢献しようとする意欲」から生まれるのではないでしょうか。前者は、「外発的動機付け」、後者は「内発的動機付け」に当たります。

　心理学者エドワード・デシ氏による「デシの動機付け理論」では、外発的

動機付けより「内発的動機づけ」を促進することが継続的にモチベーションを高めていくとしています。さらに、事業に対して自らが貢献しようとする意欲への内発的動機づけは、自分の行動や成果が顧客や他の従業員に、どのように受け取られるかの反響を得られる仕組み、およびその環境にも依存すると考えられます。

よい仕組みを整備することやよい環境を用意することで、従業員は、より高い顧客価値を生み出そうと感じるにようになるでしょう。つまり、より継続的に顧客への提供価値を高めていくためには高い価値を生み出そうとするモチベーションの向上施策や維持施策に影響します。

そこで、この施策を実行する上で欠かせない「EX（Employee Experience：従業員体験価値）」という考え方を紹介します。

1-3 | 高いEXと低いEX

「EX（Employee Experience：従業員体験価値）」について改めて説明します。EXとは、従業員が会社で働くときの体験や経験および、そこから得られる価値のことです。給与や福利厚生といった具体的なものだけでなく、会社に所属することで築ける人間関係や社会への貢献、自身のスキルの発揮など、多くの要素を含みます。これらすべてが従業員の幸福感に寄与し、それがEXになります。

■EXが高い状態

EXが高い状態では、従業員はストレスが少なく、充実感やモチベーションが保たれたり、会社に対するエンゲージメントが向上したりするでしょう。

EXでは、充実感、モチベーション、そして創造性の発揮が大きな影響を与えます。

充実感が高い状態とは、従業員一人一人が自身の役割と会社の目標を一致させ、自分の行動が社会や顧客、時には他の従業員にポジティブな影響を与えていると実感できる状態のことです。この状態を達成できた時、従業員は他の従業員と協力しながら目標に向かい、その過程や結果が顧客や社会に良い影響を与えていると感じられます。自分たちの仕事の成果が会社の目標達成に貢献し、それが社会や顧客に価値を提供していると感じられた際に充実感が得られます。小さな目標であっても、自らがそれを設定し達成することで充実感が得られるのです。

　筆者らの経験からいえば、例えばリサーチを元にしたデザインをお客様に提示した際、そのデザインが大変喜ばれ、感謝の言葉を頂くことがあります。「自分のデザインが正しい方向に進んでいる」と認識でき、それに対する感謝が、大きな充実感として自分に返ってきます。

　モチベーションの高い状態とは、仕事に対するやりがいを持ち、新しい課題や難しい問題に対して自ら進んで挑戦できる状態を指します。モチベーションが高ければ、困難な状況に直面しても、解決策を見つけ出し、目標達成のために積極的に行動できるのです。

■EXが低い状態

　EXが低いと、従業員はストレスを蓄積したり、会社に対する不満が生じたり、場合によっては離職に至ってしまうこともあります。離職には至らなくても、モチベーション低下により、従業員が与えられた仕事しかこなさなくなり、本来会社が期待する新しい価値を生み出すことが難しい状況に陥るでしょう。

　仕事の目的が不明瞭で、何のために作業をしているのかを理解できないと、充実感やモチベーションは大きく低下します。特に、政治的な理由や、社内調整のために無意味な作業を強いられると、これは大きなストレスになります。加えて、決められた手順しか許されない場合や、創造性が抑制される状

況、そしてフィードバックが得られない状態も、モチベーションを低下させる要因になります。自分がコントロールできない要素、例えば上司の態度や使用するツールの使い勝手などが、目標達成の障壁になり、モチベーションの低下を招きます。

　これらの状況を理解し、解決することで、より良い職場環境とモチベーションの向上が期待できます。

1-4 │ EXに必要な4つの内面要素

　EXの向上には、4つの内面要素が大きく影響していると考えます。(1) 自己実現、(2) 自己決定、(3) 社会的接続、(4) 認知的評価です。

自己実現：従業員が自分の役割を社会において実感し、その役割が社会に貢献していると感じられる状態です。例えばIT部門の社員であれば、企業向けのシステムデザインを通じて、企業の業務を円滑にし、従業員が効率よく働ける環境を整えることで、日本社会全体に価値を提供できると考えます。それには、顧客課題や社会課題の理解が必要であり、会社の目標との一致や共感も重要になります。

自己決定：従業員が自身で課題を設定し、解決策を選択し、その結果に責任を持てる状態を意味します。すべてが自分で決定できるわけではありませんが、一定の枠組みの中で、自分の裁量で決定できると感じられる環境が重要です。

社会的接続：従業員がチームや組織、顧客、そして社会全体とつながり、協力して課題解決や価値創造を行える状態を指します。社会全体とのつながり

を持つことで、より高い成果や満足を得られます。

認知的評価：従業員が自分の業績に対して正当な評価を受け、それによって
心理的報酬を得る状態です。もちろん、給与の上昇も重要な報酬の一部です
が、外部からの評価だけではなく、自己評価も重要です。高い自己評価は、
ストレス管理や新しい挑戦への対応にもポジティブに働きます。

　これら4つの要素は、会社経営として重要な課題に挙げられるでしょう。

1-5 ｜ EXに社内システムが与える影響

社内システム開発とEXデザイン

　社内システムはEXに影響します。社内システムとは、IT化／デジタル化
された業務プロセスやコミュニケーション用途の企業システムことです。企
業システムの種類としては基幹系システム、例えば会計や調達・製造のシス
テム、CRM（顧客関係管理）やカスタマーサービス、サプライチェーン、コミュ
ニケーションツールと多くの対象があります。

　歴史的にIT導入期（1990年〜）から見ると、これまでの社内システム開
発は、業務効率化が主目的でした。しかし近年では、業務効率だけでなく社
内コミュニケーション用としてのシステム化導入も進んでおり、そのことが
EXに大きな影響を与えるようになりました。

　従って、業務プロセス、組織文化、業務効率、社内コミュニケーション、
そしてこれらのEXを一体として捉え、よりEXを反映したシステム開発の
重要性が高まっています。この視点からシステム開発を進めることが、今後
ますます必要となってくると考えています。次節では、システム開発の方法

論について、考察していきます。

プロセス指向・方法論だけのシステム開発の限界

　経済産業省からシステム開発の枠組みである「共通フレーム」が公開されています。同共通フレームに示されているように、システム開発は「開発プロセス」を重要視しています。プロセスとしては次のような多くの種類が定義されています。

● 企画プロセス
● 要件定義プロセス
● システム開発プロセス
● ソフトウエア実装プロセス
● ハードウエア実装プロセス
　 など

　システムが大規模になるほど、これらプロセスを遵守することが重要と規律化され、プロジェクトが遂行されます。つまりシステム開発を担うシステム会社の実行エンジア達はどうしても、結果よりプロセス遵守を考えることを優先しがちです。ここでは、このような思考法を「プロセス指向」と呼ぶことにします。

プロセス指向のメリットと限界

　プロセス指向によるアプローチの特徴は、業務やルールが先行し、それに基づいてシステムのデータ、機能、UI（User Interface：ユーザーインタフェース）が作成される点です。大規模システムになるほど開発において数々の規

定が必要になり、多くのプロセス定義・実行に重きを置かれるため、どうしてもユーザー目線で「ユーザーが業務をどのように感じ、動作するのか」というユーザーの感情を含む分析は十分に考慮されることが少なくなる傾向になります。理由は、「業務プロセス」が主となり、業務プロセスを実行するにおける機能充足の分析でシステム設計が進められるためです。

　業務フローや業務プロセスを効率化し、人間が関与する時間を短縮する省力化には有効なアプローチで、特に以下の利点があります。

●業務の流れが明確に定義され、効率化の程度や費用対効果が計測しやすいため、経営視点で投資対効果が判断しやすい
●各プロセスはドキュメント化として残すことで形式知化できる

　しかし、プロセスや手続きに焦点を当てた業務プロセス定義やそれに基づくシステム設計においては、従業員視点での一連の業務に対する情報や従業員と顧客との接点（保存されない情報）の考慮が見落としがちになります。これにより、真の業務効率化やユーザーの満足が実現できないケースも業務によって発生します。

　そこにはプロセス指向によるアプローチにおいて2つの限界があると考えます。1つ目は、人の行動です。設計されたプロセスに人間の行動が含まれる場合、人間が予定通りに動かない可能性があります。プロセスの中で人間が考慮され、定義された手順に従うべきですが、実際には人間がボトルネックとなり得るのです。いくつか例を挙げてみましょう。

　ユーザーにシステムへの入力を求める場合、ユーザーが入力を怠ったり遅延させたりすることがあるでしょう。情報を蓄積することで機能するようなシステムに対し、情報を入力しなければならないユーザーは面倒と感じて適切に情報を入力しなくなりがちです。そうすると蓄積情報を元にした活性化が機能しない、いわゆる負のスパイラルが起こり、結果として当該情報系シ

ステムが本来の経営目的を達しない（ROI：投資対効果を達成しない）とい
うケースは、比較的よく聞きます。

　このような人間の動きは、プロセスの設計段階では十分に考慮されていな
いことが多く、ユーザーの感じ方や考え方が無視されているからです。結果、
システムは想定された効果を発揮せず、使用されなくなるケースもあります。
マニュアルの作成や説明会を通じて、ユーザーがプロセスを理解し遵守する
ことが期待されますが、必ずしもそれに従うとは限りません。

　2つ目は、柔軟性の欠如です。システム内のプロセスが固定されていると、
ユーザーはその枠内でしか動かなくなる傾向が見受けられます。そのため、
プロセスの変更が必要な場合には大規模な変更が必要となり、日々の業務の
変化や小さなカスタマイズ、調整が難しくなります。従業員の自己決定が制
約され、業務の効率向上が困難になります。

　1章の冒頭で述べたように、DXとは新しい顧客価値を創出するビジネス
変革です。しかし、業務プロセス改革やシステム開発のアプローチがプロセ
ス指向（プロセス中心）アプローチ"だけ"では、DXの真の目標、すなわ
ち顧客価値の向上は達成されにくい状態にあると言えるのではないでしょう
か。この課題の解決案として2章では、新しい思考法によるアプローチに
焦点を当て言及していきます。

CHAPTER 2

エクスペリエンス指向
が重要に

2-1 | エクスペリエンス指向

　1章の最後で、「プロセス中心アプローチのプロセス指向だけでは、どうしてもルール、プロセス順守に比重が置かれがちで、本来求めたいこと、すなわちビジネス価値や顧客価値の向上目的が思考から抜けがちだ」というプロセス指向アプローチの限界について問題提起しました。

　そこで新しいアプローチとして「エクスペリエンス指向」という考え方を挙げます。エクスペリエンス指向は、対象の人に着目し、その人の状況や行動、その人の体験と、そのときの感情、その人が得られる価値などを考えていく思考法であり、「人間中心設計」において活用できます。

　例えば、彼氏が恋人の彼女へのプレゼントとしてマフラーを買う時、次の2つのケースを考えてみます。

A：「高価なブランドのマフラーなら喜ぶだろう」と考え金額の高い有名ブランドのマフラーを選ぶ

B：彼女の趣味嗜好、彼女が買い物に出かけるときのファッションやマフラーを使うときの状況、感情を考えぬいてマフラーを選ぶ

　ちょっと恣意的ですが、Bのケースの方が、より彼女から喜ばれ、信頼や愛情が高くなるような気がしませんか？あまりよい例ではなかったかもしれませんが、このようにエクスペリエンス指向によるサービス等の提供では、対象の人を深く考え分析していきます。

　この考え方をビジネスサービスへの適用に置き換えると、顧客のことや顧客の体験を深く考え、顧客価値を遡及していくことになります。サービスを提供する瞬間だけでなく、顧客がサービスを受ける前の段階から、そのサービスを利用した後までの時間における顧客の感情変化に着目をしています。つまりエクスペリエンス指向は、顧客や、そのサービスを提供する場面だけ

でなく、その前後の連続した時間軸上で顧客の感情を含む体験向上を考える思考法だと言えます。

CXにおけるエクスペリエンス指向

　ビジネスサービスとして体験向上に着目した顧客価値訴求を「CX（Customer Experience）」と言います。ここでもエクスペリエンス指向は使われています。

　CXを考えるときに、どのような視点で考えるかを1章でも取り上げたフリーマーケットアプリ「メルカリ」を例に見てみましょう。

　メルカリは、そのサービスコンセプトとして「価値の循環」を掲げています。そして、そのコンセプトを実現するため、ユーザーの感情を捉えるようなサービスを設計しています。

　例えば「不要な物を手軽に処分したいけれど、ゴミにはしたくない」と考えるユーザーに対し、その不要品を販売できる場を提供することは、ユーザーに「フリーマッケートを有効活用できた」という喜びを与えます。「物を捨てるのではなく他の人に役立てたい」というユーザーニーズも満たせます。メルカリでは、より簡単に取引を経験できるよう、出品の手間や梱包・配送の複雑さなど、取引に関連するさまざまな問題点が常に改善され、利用者の不快感や疑問を軽減しています。

　一連のサービス利用で生じるユーザーの感情は、次のように分類できます。

ユーザーが解決したいこと（ジョブ）：不要なものを手軽に処分したい。ゴミにしたくない
ユーザーの喜び：不要なものをお金に換える。誰かの役に立つ価値を提供する
ユーザーの面倒な事や悩み：出品や入金確認、梱包、発送などにまつわる不快感や不安

メルカリのサービスは、ユーザーが「自分の持ち物を売りたい」という"ユーザーが解決したいこと（ここでは「ジョブ」と呼ぶ）"を抱いた瞬間から機能し始めます。

　一般的にインターネット上のフリーマーケットで物品を販売するには、売り手は、例えば自ら売りたい物の写真を撮影するなど、あらかじめ写真を用意し、オンライン上で登録しなければなりません。そのためにスマートフォンが普及する以前は、PCやデジカメとインターネット回線を用意する必要がありました。この手間が、売り手にとっては"面倒"で悩みになっていました。

　一方でスマホに最適化したメルカリのアプリでは、煩わしい手続きなしに商品を出品できます。写真の撮り方のアドバイスや、商品出品のためのテンプレートも提供され、出品プロセスの面倒さを排除しています。

　売買が完了した後も、「評価」のプロセスを購入者側からのフィードバックの場として設計することで、出品者として「誰かに喜んでもらえてよかった」という感覚を得られるようにしています（評価コメント入力欄のプレースホルダーや、評価完了後のアニメーションなど、細かいデザインによって、このポジティブな感情を生み出せるようにしていることがわかります）。

　このように、売るための手続きにおいて、従来の「売り手の面倒である悩み」を解消しながら、「売り手の喜び」を実現できるよう配慮することで"よいCX"を実現しています。その"よいCX"から「また出品しよう」というループを生むことで、コンセプトである「価値の循環」というシステムを社会実装しようとしています。ユーザーの感情と行動をデザインすることで社会のシステムを構築しようという試み全体がCX領域におけるエクスペリエンス指向と言えます。

従業員に対するエクスペリエンス指向

　今度は、会社で働く従業員を対象に考えていきましょう。従業員にとってのよい体験とは、どのようなものでしょうか。ここで例えば、人事採用担当者の採用業務を考えてみます。

　採用業務には「採用計画立案、社内稟議、採用プラットフォームへの登録」「採用のための面接等のスケジュール調整」「申し込み者のスクリーニング、面接実施」等のタスクがあります。人事採用担当者が"解決したいこと（ジョブ）"は「会社のビジョンに適合した人材を採用する」ことです。

　このジョブを達成する過程で、やはり担当者にとって"面倒な事や悩み"が発生します。例えば「採用のためのスケジュール調整の困難さ」が"面倒な事や悩み"であり、その「面倒と思う感情」によりスケジュール調整の遅れが発生し、よりよい人材獲得の機会損失が発生したとします。これは会社の利益が損なわれたことになります。

ユーザーが解決したいこと（ジョブ）：会社のビジョンに適合する人材を採用すること
ユーザーの喜び：他社よりも先にいい人材を見つけられた、他社よりも自社に惹きつけられた
ユーザーの面倒な事や悩み：スケジュール調整が困難

　この"面倒な事や悩み"を解消するために、よりスケジュール調整がしやすいツールやルールが整備されれば、人事採用担当者のモチベーションが向上し、迅速なスケジュール調整ができ、よりよい人材獲得機会が増えるでしょう。

　この例では人事担当者の業務上の体験に対して"面倒・悩み"を解消することで、企業のミッション達成に寄与するというエクスペリエンス指向を挙

げました。

　もちろん、職種によってジョブは異なり、そこでの"面倒・悩み"は、そ
れぞれです。「具体的な仕事」から「従業員としての生活」に視野を広げて
みると、不明瞭な目標やノルマ、不快な同僚、通勤の大変さなどが"面倒・
悩み"として見えてきます。

　"喜び"は、良い職場環境や給料、福利厚生、働き甲斐などが該当し、従
業員の働き方やモチベーション、そしてジョブの達成に影響を与えます。従
業員に対するEXとは"面倒・悩み"を解消し"喜び"を実現できる環境を
用意することです。

---

column　これまで従業員の体験が重視されにくかったわけ

　これまでCX（Customer Experience：顧客体験価値）が重視される一方で、EX
（Employee Experience：従業員体験価値）はあまり重視されて来ませんでした。そ
の理由は、顧客の行動は直接売り上げ向上に結びつくのに対し、従業員の行動は、
その関係性が分かりづらいからです。

　筆者は、顧客の行動や感情を理解し適切に対応することが売り上げ向上につなが
るのと同様に、従業員の行動も一定のアウトプットを出せば、間接的とはいえ売り
上げの向上につながると考えます。ただ、これまで、従業員行動体験と売り上げの
因果関係を明確に示すことが難しく、具体的に示せなかったことから、EXへの取り
組みが積極的になされてこなかったのではないでしょうか。

　営業担当者について考えてみましょう。多くの営業担当者は、さまざまな商品を
提供・説明し、顧客に行動を起こさせるよう活動しています。その評価では、顧客
へのアプローチ回数やコンバージョン率が重視され、その品質や企業へのポジティ
ブなイメージは十分に考慮されず、あまり注目されていません。

　年間や月間のアウトプット回数が評価される半面、顧客満足度は中長期的な視点
で考えられており、両者の関係性は明らかになっていない場合が多いです。短期的
な売り上げ目標の達成が主な指標とされ、中長期的な効果はほとんど評価されてい
なかったと言えます。今後は、EXの改善や品質向上は、企業の持続的な成長に寄与
すると考えられるようになるでしょう。

4つの内面要素とエクスペリエンス指向の関係

　従業員に対し、エクスペリエンス指向で"面倒な事や悩み"と"喜び"を考える際は、4つの内面要素（自己実現、自己決定、社会的接続、認知評価）に注目するとよいでしょう。

　自己実現は、自分の施策が成功した時の達成感であり、自己決定は、自由に施策を作り出せる環境です。社会的接続は、組織の人々や顧客との良好な関係を指し、認知評価は、仕事を通じて得られる感謝の意や自分が価値を提供しているという認識です。これらの要素は従業員のエクスペリエンス、すなわちEXに影響し、それらがポジティブであればエクスペリエンスも向上します。

プロセス指向とエクスペリエンス指向

　ここで改めて、「プロセス指向」と「エクスペリエンス指向」のアプローチの違いを整理してみます。価値の源泉を見ると、前者が「プロセス」であるのに対し後者は「人」です。注目点は前者の「機能やルール」に対して後者は「モチベーションや達成感」であることです。成果では「プロセスからのアウトプット（結果の出力）」に対し「行動によるアウトカム（本質的な成果）」になります。

　エクスペリエンス指向を取り入れると、プロセス指向だけのアプローチに対してアウトカム（本質的な成果）に近づきやすくなると考えています。メルカリの例では、ヘビーユーザー数や取引回数の増加が、企業の採用担当者の場合は良い人材獲得が、それぞれのアウトカムになります。

　両者では人の扱いも異なります。プロセス指向における「人」はプロセスに組み込まれますが、エクスペリエンス指向での「人」は自律的に動いて変化を生み出す存在です。従業員を「プロセスに組み込まれた業務によってアウトプットを出力する人」から「本質的な成果であるアウトカムを生み出す

ために自律的に動く人に」変えるためにはEXに注目すべきなのです。

2-2 | そもそもExperience（体験）とは何か

体験は感情の集合

　ここまで「Experience（体験）」という言葉を当たり前の用語として使ってきました。しかし、そもそもExperience（体験）とは何なのでしょうか。

　Experience（体験）は「感情の集合体」であるととらえられます。体験の中には、さまざまな感情、例えば楽しさや喜び、怒りや面倒くさいなどが含まれています。その体験中のポジティブな感情「喜び」とネガティブな感情「面倒くさい」や「悩み」を分析します。ポジティブな感情「喜び」は、それ自体がモチベーションになり行動につながりやすく、ネガティブな感情「面倒くさい」や「悩み」は行動を阻害しやすくなります。

　B to C（一般消費者向けに行う企業のビジネス形態）企業ではマーケティングや商品・サービスの開発・改善に活かすためのフレームワークとして「カスタマージャーニーマップ」が利用されています。カスタマージャーニーマップは、顧客が商品やサービスを認知してから購入、使用、廃棄（使用中止）

---

column ダークパターン

　近年、人の認知バイアスを利用して感情を操作し、顧客に意図しない行動を起こさせ企業の利益を高めようとする「ダークパターン」が問題になっています。悪い例ではありますが、これも人の感情によって行動を促す例です。CX領域では一般消費者向けのダークパターンへの対応が長く研究されており成熟してきています。

　EXの領域においても、ダークパターンで使われている手法を理解し正しく活用することで、従業員が行動したくなる環境を作ることができるかもしれません。

までの行動プロセスを思考や感情などの項目で分析したもので、体験や感情がどう行動を決定づけるのかを可視化します。

　第3章で詳しく述べますが、人が意思決定をする際には、感情が大きな役割を果たしています。行動は必ずしも理性的に決められるものではなく、その時々の感情や気分に強く影響されることがあります。良い感情や必要な感情を適切に生み出すこと、あるいはネガティブな感情を軽減することが、価値ある行動を生み出すための重要なポイントとなるでしょう。これがエクスペリエンス指向で考える理由です。

　業務を遂行する上で、業務従事者の業務の環境、状況、感情を抜きに、業務プロセスだけに着目する思考だけでは、そこで本来得たい成果を十分に得ることは難しいと考えています。

人の感情は環境に左右される

　人の感情は意思決定において重要な要素であり、その発生は個人の内面と外部環境の複合から生まれてきます。個人の内面は、なかなか変更が難しいものですが、環境を変化させることで感情をポジティブに転換することはできます。

　多くの人は、その時の環境・状況・気分の影響を受け行動をします。例えば、ある商品のテレビ CM のよいイメージが残っていると、スーパーで買い物をする際に、その商品を手に取ることがあります。逆によいイメージがなく、面倒だなという感情、つまりネガティブな感情が先行すると、購買行動につながらないでしょう。従って、サービス提供者は、顧客に対して、良い感情を生み出す、またはネガティブな感情を解消するようにすることが、顧客に対して自律的に行動を起こさせることにおいて重要なポイントになります。

　会社内の従業員体験である EX における「環境」とは、組織ルール、文化、コミュニティ、そして IT システムなどのことを指します。さらに広く見れば、

会社だけでなく家庭環境も含まれ、これら全体の環境が感情を形成していくと考えられます。

　環境を人の内面に合わせて変えることは多くの場合、プラスに働きます。従業員が仕事で何を成し遂げたいのか、どのように仕事を進めたいかを環境に反映することで、従業員は行動を起こしやすくなり、より良いコミュニケーションや協力が生まれるようになります。

　よいEXの実現に向けては、従業員向けの業務システムを構築するだけでなく、システム構築以外の要素も考慮し、環境を変化させて行動をうながすことが大切でしょう。

> ## 2-3　エクスペリエンス指向による高いEXを実現するシステムは従業員の「自律的な行動」を促す

自律的な行動を前提として考える

　エクスペリエンス指向によるシステム設計で最も重要なことは、従業員の自律的な行動を前提に考えることです。

　プロセス指向とエクスペリエンス指向の違いを振り返ってみましょう。プロセス指向では、プロセス（手順）やアウトプットが重要な要素として置かれ順守されます。これに対してエクスペリエンス指向ではアウトカム（成果・効果）が重要な要素になり、その過程であるアウトプットやプロセス（手順）には自由度が与えられます。すなわち、アウトカムを達成するためにどのように行動するかは、実行時のプロジェクトチームや個々のメンバーの裁量に任せられます。

　エクスペリエンス指向の利点は、「感情を扱えること」と「柔軟な対応が

可能なこと」です。プロセス指向的にルールや手順を厳密に決めてしまうと、その利点が失われてしまいがちです。

　管理者は従業員の品質ばらつきを減らすために、細かく業務の手順を決めておきたくなりますが、発想を転換し、手順を決めずに、あえて自律的な行動を促すことが、よい EX を実現するシステム設計では重要です。

ガイドラインとしてのプロセス

　従業員にとっては、プロセス（手順）が決まっているほうが行動しやすいというメリットがあります。あくまで自律的な行動を促すことを第一に考えた上で、従業員が迷ってしまいそうな場面では、ガイドラインを作成する等の強弱をつけた対応が必要です。ここで重要なのは「自律的な行動をサポートするためのガイドライン」という考え方です。

自律的な行動を「生み出す」システムとは

　経営者やシステム設計者にすれば、従業員が自律的に動けるかどうかを不安に思うかもしれません。ですが、固定のルールを決めることは、従業員の自由な行動を制限することになりかねません。システム設計時は、自律的な行動が生まれやすい環境を整えることが重要です。

　例えば、上司とのコミュニケーションも、プロセス指向では申請や依頼の形式が固定されます。ですが実際には、柔軟にコミュニケーションを取りながら状況に応じて行動しているのではないでしょうか。

　自律的な行動をうながすシステムの設計例として、かつて、ある証券会社に提案した営業管理システムを紹介します。従来のシステムは、営業ノルマが設定され、それを達成するためのプロセスが定義されていました。

　営業担当者は毎朝、今日のノルマ達成見込みを見積もって上司に報告するところから業務が始まります。顧客にどのような提案が受け入れられるかは、

見込みの確度は五分五分といったところです。しかし、ノルマを達成できると報告しないと上司から「どうしたら達成できる？」と詰められてしまうので、営業担当者は、そこまで自信がなくても達成できるように報告することになるでしょう。

　また営業担当者は、顧客とやり取りした内容を、すべてシステムに入力するルールになっていました。営業担当者は常に、顧客にどのようにアプローチをすれば満足度が高まるのかを考えています。そのために例えば、顧客の誕生日や趣味、家族構成などをメモし、これを提案時の会話のネタにしているので、システムへの入力内容は次の会話のための記録としては有用な一面もあります。

　しかし、従来システムでは「上司への報告、将来の引き継ぎのために入力する」という意味合いが強く、情報の閲覧に向いた UI（User Interface：ユーザーインタフェース）にはなっていませんでした。入力しやすい UI ではなかったため、帰社してからメモを見ながら入力しなければならず、1 日営業周りで疲れた体ではしんどい作業でした。

　営業担当者としては顧客満足度を向上して受注の確率を上げることに集中したいはずです。ですが、仕事の中に管理のためのプロセスが定義されており、その作業に時間と精神力を割かなければいけなくなっていました。

　こういった状況になっているのが上司側の責任かというと、そういうわけではありません。上司側に視点を移してみると、もちろん上司にも「組織の売上ノルマ」が課されています。そして、部下がノルマを達成できるかを管理する責任を負っています。この場合、上司としては、どのように部下を管理するでしょうか？

　上司と部下の営業担当者の間には「情報の非対称性」が存在しています。つまり「部下が正しく報告しているか分からない」「部下の営業担当者の方が顧客の生の情報を多く持っている」など、片方が知っていてもう片方が知らないという状況にあり、情報を知っている方が優位なため、その差を埋め

ようとする力が働きます。

　従って上司は、部下の営業担当者の報告の正しさを検証するために部下から細かく情報を聞き出す必要性が出てきます。また現場での提案プロセスが適切に行われているか分からないため、品質を底上げするためにプロセスを固定化してようとします。こうした理由から、営業担当者に細かく情報入力と報告をさせざるを得ない状況になっていくのです。

　ここでの論点は、2つあります。

論点1：管理プロセスによって営業担当者の行動が固定化されてしまっている
論点2：営業担当者員のジョブと管理のためのアクションのベクトルが合っ
　　　　ていない

　これらにより上司・部下の関係が悪化し、営業担当者が顧客満足度を上げるために行動を起こすことを阻害しているのではないか、という懸念がありました。

　そこで我々は顧客満足度の向上目的を中心に据え、顧客満足を高める行動を重視するようなシステム設計を提案しました（**図表2-1**）。

図表2-1 営業担当者が利用するシステムにおける EX を視点にした "現状" と "あるべき姿" の比較

役割	現状	あるべき姿
部下	・1日のノルマという行動計画で管理される ・上司への報告のために細かくアクションや情報を入力	・アウトカムの進捗のみを上司・組織に報告 ・自分が顧客満足向上に向けてとったアクションを半自動的に記録可能（上司への報告目的） ・顧客満足度を高めるために顧客情報を自ら管理
上司	・部下のアクションが見えにくいため、部下に細かい報告を強いる ・部下の見積もり結果と実際の行動から不確かなノルマ達成見込みを判断	・部下のアクションがシステムに集約されており、いつでも確認してアドバイス可能 ・部下のアウトカム（顧客満足度、売上）を自動的に集約し組織単位で管理

具体的には、情報の入力や確認がしやすいようにシステムを再定義したうえで、スマホから情報を簡単に入力・確認できるよう、営業員が顧客とやり取りする際に必要な情報を絞って見られる UI をデザインしました（**図表2-2、図 2-3**）。

図表2-2 Before：データを貯めるためのUIの例

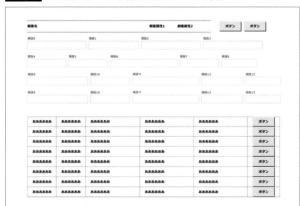

データを貯めることを目的にしたUIになっており、入力画面と閲覧画面の構成がほぼ同じになっている。1画面に情報がフラットに詰めこまれており、情報の強弱がついていないため、閲覧時に情報を探す負荷がかかる。組織として営業員にやって欲しいことは目立つ位置にボタンが用意されているが、コンテキストが考慮されていないため営業員が実行しやすくはなっていない

図表2-3 After：営業員の行動に準拠したUIの例

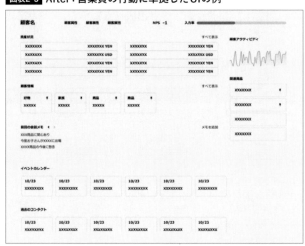

営業員が顧客と会話する際に活用しやすいUIになっている。顧客との過去の会話で集めた情報を参照しやすくし、事前に準備した商品情報なども集約しておくことで、会話時の不安を和らげる。自らが会話で活用することで情報を貯めておくことのメリットを実感できるほか、顧客情報の入力率を表示するなど「目指すべきことを意識させる」ことで、強制することなく自主的な入力が促される

ポイントは、営業担当者が自律的に情報を入力し、活用できるように、情報をいつでも入力でき、参照できることです。顧客との会話時の不安を軽減し、感情を高める要素を取り入れることで、営業担当者が顧客のために自然に情報を共有・活用する自律的な行動を支援します。

　ノルマに対するアプローチも、顧客ニーズに焦点を当て、顧客にどのような価値が提供されているかを考慮し、柔軟に対応するように変化を促しました。自律的な行動を生み出すには営業担当者に「何をさせるか」ではなく「何を目指させるか」を考えることが重要だからです。

　ここで重要なのは、顧客満足度を高めるための仕組みを構築することです。経営層も、売上高と顧客満足度の相関を理解し、それを追求する方向性にコミットしなければなりません。顧客満足に適切にリサーチできる状態を整え、定期的にリサーチするツールを用意すれば、チームは顧客満足度を可視化できます。それによって営業の方向性を明確化し、それぞれが自律的に行動できるようにするのです。

従業員体験に必要な
6つの視点

3-1 | EXの成果循環モデル

1章で「EX（Employee eXperience：従業員体験）」の概念に触れ、2章ではエクスペリエンス指向について説明しました。ここ3章では「EXを社内で取り組んでみたいけれど、どうすればいいだろう」という疑問に対し、意識すべきポイントとして、1節で全体の流れを表すモデルを、2節では従業員が行動を起こすメカニズムを、3節からEXに必要な6つの視点をモデルに沿って説明します。

EXを社内で取り組む際の全体の流れを表す「EXの成果循環モデル」について説明します（**図3-1**）。まずは従業員が、どのような過程で成果を挙げ、EXを高めるループを回していくか、その循環構造を念頭に置いてください。

EXの成果循環モデルは、従業員が組織やプロジェクトの「目的」を理解し、目的に向けた「行動」を起こして「成果」を上げ、そこから「目的」意識をさらに高めるというループによってEXを高める構造を表しています。3つの要素の意味は次の通りです。

図表3-1 EXの成果循環モデル

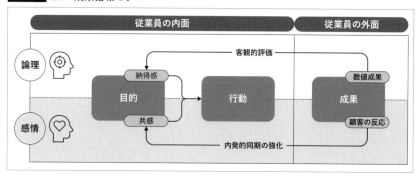

図表3-2 EXの成果循環モデルの4つのエリアと子要素

	従業員の内面	従業員の外面
論理	**納得感** 従業員が組織の目標や戦略を理解し、その内容に賛同すること。 例：「なるほど、理解したぞ」	**数値成果** 定量的／客観的に評価できる成果を上げること。 例：売上10％アップ
感情	**共感** 従業員が組織の目標や価値観に心が動き、協力したいという意欲がわき起こること。 例：「その方向性、同感だな」	**顧客の反応** 主観的／感覚的な視点で顧客からの反応を得ること。称賛や表彰、ポジティブなフィードバックや改善のヒントを含む。 例：クライアントから褒められる

●目的：組織において自分が達成すべきことを理解し、共感していること
●行動：目的達成のため、自由かつ障害なく意思決定し行動を起こせること
●成果：自身の行動によって成果を出し、成果自体を認識できること

　なお「行動」は、2章でエクスペリエンス指向が「自律的な行動」を重視していることをお伝えしたように"従業員が自ら進んでやる"という前提に立っています。

　さらに、この構造には「従業員の内面と外面」と「論理と感情」の軸を掛け合わせてできる4つのエリアがあり、それぞれに対応する子要素があります（**図表3-2**）。詳細は後に説明しますが、ここでも軽く触れておきます。

　「数値成果」は、自分が行動した結果を客観的に評価し、行動の影響を実感することで目的の意義を再確認できれば「納得感」をより強めます。「顧客の反応」はユーザーの喜ぶ姿から共感していた未来の世界が間違ってなかったことを感じることで「共感」を強めます。つまり「成果」は、従業員の目的意識を助長する関係にあり、次のループへのきっかけになるということです。

3-2 │ 動機と行動のデザイン

従業員が自律的に行動するメカニズムを見ていきましょう。人が行動を起こす仕組みを解き明かす「フォッグの消費者行動モデル」を参考にします。

フォッグの消費者行動モデルは、「動機」「障壁」「きっかけ」の3要素が結びついて行動を生み出すプロセスを表現しています（図3-3）。

フォッグの消費者行動モデルの各要素の意味は次の通りです。

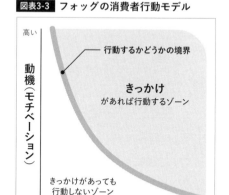

図表3-3 フォッグの消費者行動モデル

- ●**動機**：行動を起こしたいと思うモチベーション
- ●**障壁**：行動を妨げる要素
- ●**きっかけ**：行動を起こそうと思うためのトリガー

まず「動機」と「障壁」の状態が、行動を起こすのに十分である必要があります。"行動するかどうかの境界"を超えている状態です。その状態で「きっかけ」が人の背中を押すことで具体的な行動へとつながります。逆に、きっかけがないと境界を超えていても行動は起こりません。"きっかけがあっても行動しないゾーン"では、きっかけがあっても行動は起こりません。

このモデルは、元々消費者の行動に焦点を当てていますが、その基本的な原則や要素は従業員の自律的な行動にも応用できます。これらの要素について詳しく見ていきましょう。

動機

　動機とは、行動したいと思っている度合いのことです。モチベーションと同義です。もちろん、モチベーションは高い方が行動しやすくなります。従業員の動機にはマクロとミクロの2種類があります。

　従業員の「マクロな動機」は、組織のゴールや目標、主要な成果に対する納得感と共感から生まれます。特に共感は強く内発的動機を刺激し、行動したいという思いを強めます。

　「ミクロな動機」は大小さまざまな出来事に対する従業員の感情の動きから生まれます。いくつか例を挙げます。

●**楽しさ**：業務で新しい技術に触れられて<u>楽しい</u>から、もっとやりたい
●**達成感**：なんとか<u>目標達成</u>して上司に褒められたから、次も頑張ろう
●**ゲイン獲得**：リーダーになって<u>給料</u>が増えたから、見合う仕事をしなきゃ
●**ペイン減少**：辛かった勤怠入力が改修で<u>楽になった</u>から、毎日入力しよう

障壁の少なさ・能力

　障壁は、行動を起こそうと思ったときに、その行動を妨げる要素です。障壁は、少なければ少ないほど行動しやすくなります。

　障壁としてまず挙げられるのが「ペイン」です。従業員の"不快感"や"不安""辛さ"として表れるものです。社内システムの画面が分かりにくい、申請フローが分からない、たらい回しにされるといったことが該当します。

　障壁のもう1つの側面に「能力」があります。業務を自動化してもっと効率を上げたいと思ったときに、プログラミングのスキルが不足している場合、それは能力の面で障壁があると言えます。

　能力は高めることで、ペインを乗り越える要素にもなり得ます。たとえ使

いにくいシステムでも、熟達していてスムーズに使いこなせる場合、能力で
ペインを乗り越えられていると言えます。能力は本人自身の能力だけでなく、
社員が情報にアクセスしやすい、便利なツールを使えるといった環境に加え、
コネクション（人脈）の広さといったことも含みます。改めてペインと能力
を整理すると次のような関係として表せます。

$$\boxed{\text{ペイン} - \text{能力} = \text{障壁（行動に対する心理的な負荷）}}$$

　能力がマイナスなら、障壁はペインに加えて大きくなりますが、能力がプ
ラスであれば障壁は低くなる可能性があります。ツールを現場に導入して改
善を図りたい従業員を想定して、いくつかペインと能力について見てみま
しょう。

●ツール導入を上司に提案しても多分いつも通り詰められる ＝ ペイン
●上司への提案のために情報をまとめるのが面倒 ＝ ペイン
●導入したいツールに関してそこまで知識がない ＝ 能力がマイナス
●同期にツールに詳しい人がいる ＝ 能力がプラス
●ツール導入に必要な社内手続きがわからない ＝ 能力がマイナス

　これらを総合すると、能力のプラス要素よりもペインや能力のマイナス要
素が大きいため、従業員はツールの導入提案に障壁があることになります。
　障壁を低くしたい場合は、「ペイン自体を減らす」ために上司との関係性
改善や提案の負担を軽くすると良いかもしれません。「能力を上げる」ので
あれば、ツールの研修を受けて詳しくなる、提案の社内手続きを簡素化する
といったことが挙げられます。障壁を低くしたい場合は、「ペイン自体を減
らす」か「能力を上げる」かの2通りのアプローチがあることを覚えてお
きましょう。

きっかけ

　きっかけとは、動機を実際の行動につなげるものです。動機の重要性を思い出させてくれる外部刺激でもあります。きかっけの例をいくつか挙げます。

● PC を開いた時にやるべきことが表示される
●朝礼で進捗状況をみる
●同じ目標に取り組んでいる同僚と会話する
●通路に貼ってあるポスターを見る

　きっかけをうまく作るポイントは、適切なタイミングで適切な情報を表示することです。例えば、やるべき業務があった場合、きっかけになる情報が"すぐ目に入る"ように設計するといった形です。もしタイミング悪く退社間際にやるべきタスクのリマインドがあっても、後回しにされてしまうはずです。きっかけはタイミングが肝心です。

　さらに注意すべきは、動機があまりない状態できっかけを与えると、逆効果になる場合があるという点です。例えば、従業員が問題ないと思っているプロジェクトについて「報告書を作成してください」と上位者から言われたら、従業員はプレッシャーに感じてストレスの原因になります。「問題はないので状況報告は不要です」と反発する場合もあるでしょう。

　反発は自由を制限されたときに発生する事象として、心理学用語では"心理的リアクタンス"と呼ばれています。「勉強しなさい」が逆効果であることの理由の1つだと言われています。つまりきっかけは、動機があるかを見極めてから用意したほうがよい、ということになります。

動機と行動をデザインする

　ここまでフォッグの消費者行動モデルの動機、障壁、きっかけについて見てきました。これらの要素を活用して従業員の動機と行動をデザインする上で、特に重要なポイントは次の2点です。

●従業員が行動を起こしやすい環境を作ること
●従業員に「させる」ではなく「やりたい」を引き出すこと

　従業員が行動を起こしやすい環境を作るためには、特に障壁のところでお話した「ペイン自体を減らす」か「能力を上げる」ことに着目して従業員の実際の行動を見直すとよいでしょう。その際、客観的な情報の収集だけでは気付くことが出来ない障壁が潜んでいる可能性が高いので、従業員へのアンケートやインタビューを実施して実際の障壁を明らかにするのが効果的です。

　従業員に「させる」ではなく「やりたい」を引き出すためには、仕事を遂行することによる「従業員のメリット」を探し出すのが正攻法です。どうすれば、やらされ仕事を従業員のメリットに置き換えられるかについて、フォッグのモデルを参考にアイデアを出します。仕事の意義を分かりやすくする、仕事に挑戦や成長の要素を導入するといった、さまざまな方向性について考えてみましょう。

3-3 ｜ EXの6つの視点

　本章のタイトルでもある「EXの6つの視点」について説明していきます。1節で紹介したEXの成果循環モデルは、目的、行動、成果の3要素でした。

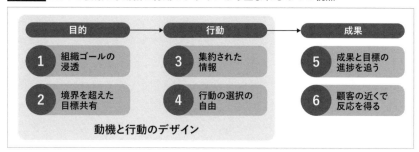

図表3-4 EXの３要素と、動機と行動のデザインから生まれる６つの視点

その３要素と本節の動機と行動のデザイン、そして EX の好循環を回すための６つ視点は**図表 3-4** のように対応しています。

　動機と行動のデザインは、特に従業員の目的と行動を考えていくうえでの大前提として抑えておきたいメカニズムです。そして、この６つの視点は、EX の成果循環モデルに沿って EX に取り組むために意識すべき事項です。他にも意識すべき事項はありますが、特に重要なものに絞っています。

　これらは相互に作用して EX を向上する特徴があるため、バランスよく取り組む必要があります。例えば、「視点１：組織ゴールの浸透」だけを実践すれば従業員の EX がその分高まるというわけではありません。かといって、すべて取り組むのは無理があるでしょう。組織文化の強みや課題、開発するエンタープライズシステムの種類によって、どの項目を強く意識すべきかを考える必要があります。

　以降、それぞれの視点の説明と実践する上でのヒントをお伝えします。ご自身の組織やプロジェクトと照らし合わせ「ここは現状うまく出来ている」「ここは課題だ」など考えながら読み進めてください。

視点1 組織ゴールの浸透

　「組織ゴールの浸透」では、1章に登場した "EX に必要な4つの内面要素" の1つである「自己実現」が重要です。

　「自己実現」は、自分がやりたくてやっていることが、自分の外の世界に貢献できている感覚がある状態です。従業員に置き換えると、従業員が進んでやっていることが組織ゴールに沿っていて、その成果が社会貢献できていると思える状態です。この従業員の「自己実現」へと向かう "道標（みちしるべ）" が「組織ゴールの浸透」です。

　組織ゴールの浸透は、組織が従業員に対して明確なビジョンや目標、そこに込めた想いを伝え、それが個々の役割や貢献といかに結びついているかを示すことを指します。従業員が自分の仕事に対する意義を理解し、共感できるようにする狙いがあります。つまり、従業員が組織ゴールを「自分ごと化」できるようにすることが、ここでの目的です。では、どう「組織ゴールの浸透」をしていけばいいのでしょうか。

「納得感」と「共感」

　組織のゴールを設定する際、3章の冒頭で説明した "EX の成果循環モデル" にあるように、従業員の内面の「論理」と「感情」の両側面に訴えかける必要があります。論理面は「納得感」、感情面は「共感」に対応しています。それぞれは次のように定義します。

　納得感：目標を達成することで、顧客や組織、自身にどのよう利益や影響をもたらすかを論理的に理解し、賛同している状態。"腹落ちしている" 状態とも言い換えられる

　共感：目標を達成することで、今よりも楽しくなる、ワクワクしている未来

が想像できる、または課題を解決することに責任を感じるなど"心が動かされている"状態

　納得はしたけれど共感できない、逆に共感はしたけれどやり方が納得できないといった場合、モチベーションの低下や不満、不安につながる可能性があります。片方だけでは従業員の自律的な行動を促すことは期待できません。従業員の「納得感」と「共感」を確実に得られるように、それぞれのポイントを説明します。

「納得感」を得るためのロジックと数値目標

　「納得感」はまず何よりロジックが重要です。組織ゴールがなぜ設定されたか、それらがどのように組織の成功に寄与するか、といったロジックが分かりやすく明示されている必要があります。ポイントは次の通りです。

● 組織ゴールを主観的な意見や仮説ではなく、客観的なデータや事実（ファクト）に基づいて設定すること
● 情報間の繋がりに論理的な飛躍や間違いがないこと
● ロジックの説明が明瞭で分かりやすいこと

　ただし、組織ゴールのロジックがどれだけ完璧でも"10年後"など長期的なゴールでは、従業員の「自分ごと化」につなげるのは難しいでしょう。そこで次に意識すべきは短期目標と数値化です。
　短期目標は達成のイメージが容易で、従業員が行動しやすいメリットがあります。短期目標を設定し、短期－中期－長期のつながりを明示すると良いでしょう。従業員の短期的な行動が組織の"10年後"の長期のゴールへと、どうつながるのか、どの程度進捗しているのかが分かり、従業員の「自分ごと化」を進められます。

従業員の行動と組織目標のつながりを明示するためには、従業員の目線で必要な情報を提示する必要があります。例えば「業界トップの DX 共創パートナー」を目標に掲げても、従業員は意義や自身とのつながりが分からないはずです。目標の状態に達することの重要性を明らかにし、年度内に実行する DX 案件への従業員の参画や、そこでの成果が組織目標に貢献することを明示すると従業員が組織目標を「自分ごと化」する可能性が高まります。

　さらに目標を数値化することで、ゴールの達成水準が明確になります。どの程度努力すれば目標を達成できるかを見立てられるので、従業員が行動を起こしやすくなります。数値目標は計測が容易であるほど良いです。

　システム開発の目標は " 発注作業の時間 30% 削減 " といったアウトプットに着目しがちですが、アウトカムの成果目標を立てることも重要です。従業員のエンゲージメントをスコア化する「eNPS® (Employee Net Promoter Score)」は、アウトカムの成果を測る手段の 1 つです。アウトカムの成果をどのように数値化できるかを考えてみましょう。

「共感」を得るためのストーリーテリングと未来の世界の可視化

　「共感」は、感情から生まれるため、どれだけ論理に訴えかけても意味がありません。従業員に共感してもらうためには、従業員の " 心を動かす " 必要があります。そして、人の心を動かす効果的な方法が「ストーリーテリング」と「未来の世界の可視化」です。

　「ストーリーテリング」は情報を物語性のある構造で伝えることで、感情を喚起し、理解を助け、記憶の定着にも効果があるテクニックです。聞き手がストーリーの因果に気付くことで、自分の考えだと思い込む脳の動きがあることが研究（Daniel D Hutto , 2007. The narrative practice hypothesis:

ネット・プロモーター、ネット・プロモーター・システム、ネット・プロモーター・スコア及び、NPSは、ベイン・アンド・カンパニー、フレッド・ライクヘルド、NICE Systems, Inc.の登録商標又はサービスマークです。eNPSはベイン・アンド・カンパニー、フレッド・ライクヘルド、NICE Systems, Inc.の役務商標です。

origins and applications of folk psychology）により明らかになっています。「自分ごと化」を進める上でかなり有効な手段です。

　「未来の世界の可視化」は、従業員が未来の世界にどのように存在しているか、今より幸せになれているか、世界が今よりもいいものになっているかを具体的なイメージとして共有することです。言葉でなく"視覚的"な表現で、ゴールが達成された世界を従業員にイメージしてもらうことで、より感情に訴えかけられます。

　では「ストーリーテリング」と「未来の世界の可視化」を組織ゴールに活用する方法をいくつか紹介します。どの方法もプロダクト開発で用いる手法ですが、組織が目指すことの表現の１つとして利用できると考えています。

ストーリーボード：事業やサービス、プロダクトが理想的な形で提供されている"未来の世界"で、顧客・ユーザーがどのように行動しているのかを数コマの漫画形式で表す。"ストーリー"仕立てにすることで、共感しやすさが高まる

図表3-5 ストーリーボードの例

1. 昨日の振り返りは何とかならないかな…

2. この新しいツール、使いやすくて便利だよ！

3. 次に繋がる意見がでやすくなりそうだね

Transparency
Communication
Team Culture

4. 素晴らしい！これで開発がスムーズにできるね！

簡易プロトタイプ：アイデアやコンセプトの動作や操作を視覚的に模倣したもの。従業員が"未来の世界"を体験する手段。ウィザード法（システムが完成しているかのように、裏側を人力で処理する方法）を活用し、できるだけ労力をかけずに未来の価値を実感してもらうと良い

図表3-6　簡易プロトタイプの例

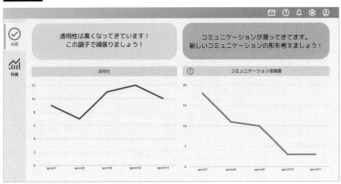

コンセプトシート：対象とするペルソナ、課題、解決策、ビジネスモデル、ストーリーボード、簡易プロトタイプなどを数ページにまとめたもの。課題はなにか、なぜ課題を解決するのか、ユーザーに届ける価値はなにかを説明する。どんな"未来の世界"を実現したいかを丁寧に表現できる

　従業員にストーリーボードでストーリーを伝え、コンセプトシートで詳細に説明し、最終的にプロトタイプを使って組織のゴールイメージを体験してもらうといった形に組み合わせて使用すると、より効果的です。
　これらに限らず、組織ゴールの表現方法は他にもあります。従業員の反応を見ながら試行錯誤するのが一番です。その際、"ストーリー"で惹き込むことと、視覚化を活用して"未来の世界"へと誘うことの2点は意識してみてください。

図表3-7 コンセプトシートの例

視点2 境界を超えた目標共有

　従業員の自律的な行動を促すためには、組織ゴールに対する納得感と共感だけでは不十分です。そこで重要になるのが「境界を超えた目標共有」です。階層（タテ）と組織（ヨコ）の2方向から解説します（**図表 3-8**）。

図表3-8 階層（タテ）と組織（ヨコ）

上位目標の自分ごと化が「やらされ感」を払拭する

　従業員の自律的な行動の阻害要因に「やらされ感」があります。やらされ感は、組織の目的や方針に対する共感や納得感の不足から、仕事を単に"遂行すべき業務"としてとらえてしまうことです。ノルマのように、上から降りてくる数値目標を達成させるようなオペレーションは、やらされ感を助長します。

　この"やらされ感"を払拭して自立を促すためには、「上位目標の自分ごと化」が必要です。上から降りてきた目標を無条件で自分ごと化する従業員はまずいません。上位目標の自分ごと化は、まず従業員が最上位目標への納得感と共感があることが大前提です。

　さらに従業員が自身を主体として「こうなりたい」という思いが上位目標とつながる原動力になります。自身が設定した目標と上位目標を結び付けるためには、自身の目標から最上位目標に辿れるように、階層（タテ）での透明性の高い目的共有が求められます。

組織間の目的共有で「知らない人」にも相談できるようにする

　社内であっても、組織が違うと気軽に依頼や相談をするのは難しいでしょう。いきなり社内の別組織の知らない人から、「ちょっといいですか」と話しかけられても、気軽に返すのは難しいはずです。企業では組織ごとに統制を取るのが一般的ですから、同じ会社であっても距離感が生じるのは自然です。

　しかし、従業員の自律的な行動を促したい場合、これは障壁になります。なぜなら"他組織を巻き込む"という手段がないと行動の選択肢が狭まり、従業員の自律的な行動を阻害するからです。組織単独で成果を出すには限界があり、目標の達成が難しいと感じることもあるでしょう。

　他組織の人との距離感を縮めるのが「組織間の目的共有」です。集団は共通のアイデンティティや目標を持つことで、一致団結することが知られてい

ます。先程の知らない同僚から話しかけられた例でも、目的を理解し共感している状態なら、より話を聞いてみようという気持ちになるはずです。

組織と階層を橋渡しするOKR

　従業員の自律的な行動を促すために、階層（タテ）と組織間（ヨコ）の2方向で目的を共有していることが大切だと説明しました。組織間で目的を共有する方法として「OKR」いうフレームワークを紹介します。その定義は以下です。

OKR：Objectives and Key Results の略。目標（Objectives）と主な成果（Key Results）について、組織から従業員まで上下でつながるようにツリー構造で表す。主な成果は目標の達成度を測るための指標で客観的に評価できるように設定する。組織ゴールと従業員の目標のつながりを明確にし、広く共有することで透明性を確保する。個々のメンバーが組織の全体目標に向けて連携しやすくなる

図表3-9 OKR（Objectives and Key Results）による組織の構造

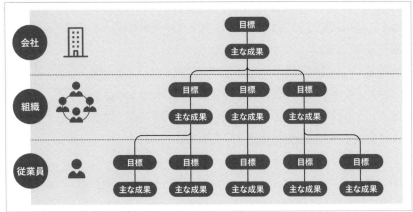

図表3-10 OKRと遅行指標／先行指標の位置付け

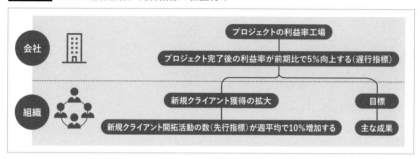

OKR は、ただ目標と主な成果のツリーがあればよいというわけではありません。従業員の目的共感とタテとヨコを跨ぐ情報共有は、コミュニケーションから生まれます。経営層と現場、上位者と部下、組織と組織の間で、作成した OKR を使って意見交換や活用方法の共有をしながら理解を深めることが大事です。

OKR とセットで知っておくとよい指標に「遅行指標」と「先行指標」があります（**図表 3-10**）。

遅行指標：さまざまな事象が発生した結果として表れる指標。将来の予測ではなく、過去に起こった事象の結果を確認するために用いる。クライアントの満足度や、プロジェクトの利益率など
先行指標：遅行指標に先立って事象の兆候をうかがえる指標。将来の予測に用いることができる。不具合発生頻度やプロジェクトの進捗率など。先行指標は何らかの遅行指標との因果関係のもとで先行指標と呼ぶため、先行指標自体が別の先行指標の遅行指標の場合もある

OKR の文脈では、主な成果を先行指標と遅行指標に関連付け、目標達成の進捗確認や成功を評価します。

視点3 集約された情報

　従業員の自律的な行動に欠かせない視点として「情報の集約」があります。情報の集約とは、従業員が必要な情報を理解してより活用できるように、情報の分散や過多が整理されている状態、もしくはその状態にするためのプロセスのことです。

　フォッグの消費行動モデルの「障壁」には、ペインと能力の2つの側面があると説明しました。集約された情報は特に能力の側面に強く関係します。集約された情報が従業員の行動につながるまでの流れは次の通りです。

1. 現場の情報が集約されている
2. 従業員の意思決定に必要な判断材料（情報）が揃っている
3. 従業員の意思決定能力が高まる
4. 意思決定能力が障壁を下げて従業員が自律的に行動しやすくなる

　では、集約された情報がどのように意思決定の能力を高めるかの例を挙げます。従業員が日々の業務で感じていた手間を改善したいと思ったと仮定します。その思いを行動に移すかどうか、その意思決定に必要な情報の例は以下の通りです。

● 感じていた手間の問題の大きさを示すデータ
● すでに積み上がっている課題とその優先順位
● 改善を実行する際の社内手続き
● 自身もしくは所属部署に割り当てられている予算

　どの情報も、改善の一歩を踏み出すかどうかの意思決定に必要です。これらの情報が集約されていれば、行動の成果が労力やコストに見合うかを勘案

し、従業員はスムーズに意思決定できます。逆に、分散した情報を集める必要がある、もしくは情報量が多すぎてフィルターが必要といった場合は、意思決定が難しくなるでしょう。

　次は、「従業員が欲しい情報が分かりやすい形で手元にある」ことを理想に、情報の集約で大事な4つの観点を確認しましょう（**図表3-11**）。

　これから情報の集約の4つの観点を念頭に置いて、どのように情報集約すべきか具体的に説明します。

上に偏る情報を下ろす

　「情報の集約度合い」の観点で、散らばった情報を集約する上で、まず意識したいのが上に偏る情報です。よくある光景として、上層部が「末端のメンバーは知る必要がない」と現場に共有しないことがあります。しかし、不透明にした情報のうち「知る必要がないが、知っていた方が現場で意思決定しやすくなる情報」が潜んでいる可能性があります。いくつか例を挙げます。

●組織的な決定事項の背景
●上位者の課題と取り組み状況
●クライアント上層部との会話内容

図表3-11 情報の集約における大事な4つの観点

情報の集約の観点	良い状態	悪い状態
情報の集約度合い	特定の場所に情報が集約されている	様々な人やツールなどに情報が分散されている
情報の量	適度な量の情報が提供されている	情報量が少ない、もしくは多すぎて混乱する
情報のアクセス性	スムーズに情報にたどり着ける	情報を得るのに時間がかかるか、たどり着けない
情報の分かりやすさ	情報が理解しやすい	情報の意味が分かりにくく、誤解も招きかねない

人事情報や秘匿プロジェクトの情報など、従業員が知ってはいけない情報は別にして、現場の意思決定に有用だと思った情報はできる限り開示していくようにします。

情報を管理するツールを絞る

　「情報の集約度合い」でもう1点、ツールを絞ることも有効です。情報共有のツールが乱立し、クラウドフォルダ、共有フォルダ、アプリ内のドキュメント共有機能、Wiki、チャットツールなどに情報が散在して悩む現場は多いでしょう。ツールの選択肢が増えると、情報の探索や保存の際にスムーズにはいきません。できるかぎり情報を管理するツールを絞るようにしましょう。

　開発するエンタープライズシステムに「情報を保存する機能」がある場合は要注意です。ユーザーが新システムと他のツールで扱う情報に重複があれば、新システムにより情報が分散する可能性があります。まずはユーザーがどのようなツールを普段使っているかを把握し、どのタイミングでどんなツールを使うのが望ましいかを考えましょう。

適切な情報量を考える

　「情報の量」については"多ければ多いほどよい"と思う方もいるかもしれません。しかし、特に意思決定では「メニューが多すぎると選べない」など、選択肢が多すぎると決断しにくくなる人間の心理が働きます。適切な情報量が良いということです。この心理現象は「選択のパラドックス」や「ジャムの法則」と呼ばれています。

　情報量が多すぎないようにするために、最初に従業員が触れる情報を重要性に応じたインデックスにしつつ、全情報にアクセスできる経路は確保するという手法があります。

　逆に情報が少なすぎるのも問題です。従業員が情報の不足を感じていても、

発信する側にその声が届かないことは多いです。情報不足を検知する方法としてチャットツールなどで気軽に連絡できる窓口や、定期的な振り返りも効果的です。

情報へのたどり着きやすさを高める

「情報のアクセス性」を考慮する上では、まず情報の構造を考えるのが一般的です。しかし、よく目にする組織単位など単純なカテゴリーの仕分けだけでは、必要な情報にたどり着くのは難しいでしょう。

情報の構造を考える際は、入り口から検討することをお薦めします。情報の入り口は、従業員が行動しようとしたときに、その行動に関連したものをすぐに見つけられるかを念頭に置いて設計します。従業員の行動パターンを把握し、必要な情報は何かを考慮して情報への入口を作成します。

従業員の行動パターンは、「朝会社に着いて PC を開く」といった形です。そのシチュエーションで見たい情報は何か、どんな行動をするかを想定して、そのために必要な情報を、少ない手数でたどり着けるようにすることを考えてみましょう。

従業員の行動パターンを分析すると、行動の導線上にない情報がアクセスされるタイミングがないことに気付くでしょう。情報を置いておいたから情報が伝わっているという考えに陥っている場合は要注意です。

慣例的にファイルで文書化して情報共有するといったケースもよく見かけますが、それではファイルをダウンロードし、ビューアーを起動、対象のシートを開くなど何ステップもかかってしまいます。業務上重要な情報をファイルで共有するのはお薦めできません。ブラウザから手軽にアクセスできるツールを活用し、情報のたどり着きやすさを高めるとよいでしょう。

視点 4 行動の選択の自由

　「情報の集約」が障壁を乗り越える「能力」を高めると説明しました。同様に「行動の選択の自由」も従業員の能力を強化します。1章で紹介したEXを構成する要素の1つである「自己決定」に該当します。

　「行動の選択の自由」は、単に好き勝手に行動していい、ということではありません。従業員の成果目標を上位者と共有できている状態で、従業員が成果の達成手段に裁量と責任がある状態を指します。自身で考え、責任を持って判断することは、EXにおける「自己決定」ができる状態と言い換えられます。

　まずは、行動の選択の自由がない例として、「従業員の行動に承認が必要」な状況を考えてみましょう。

　従業員は上位者に「プロジェクトの進め方はどうすればいいでしょうか」「クライアントにこのような提案を実施してもよいでしょうか」とお伺いを立てます。確認することの労力、時間、心理的負荷により、従業員の「行動」が阻害されます。自身の仕事に主体性を感じられず、モチベーションが低下し、創意工夫して仕事に取り組むことができなくなります。

　このような状況が定常的に続くと従業員が行動するか「迷う」ようになり、従業員が自律的に行動できない状態に陥ります。

　従業員に裁量と責任がある場合はどうでしょうか。自分で意思決定し、行動に移し、一貫して自身の責任で仕事を進めます。「プロジェクトの進め方はこうしよう」「クライアントに自分のアイデアを提案しよう」といった形です。仕事の成果も自分ごととして捉えることができるでしょう。取り組む仕事に主体性を感じ、モチベーションも上がる可能性が高まります。

　従業員は行動するか「迷う」必要はありません。上位者も判断を委譲することで、他の仕事に時間を割けます。

　この例からも分かる通り、「行動の選択の自由」は従業員が自律的に行動

できるかどうかに深く関わります。では、どういった点を考慮して行動の選択の自由を実現していけば良いのでしょうか。これからいくつかのポイントを紹介します。

裁量と責任

　行動の選択の自由を実現する上で、裁量と責任はセットで委譲する必要があります。従業員に裁量があって責任がない場合を考えてみましょう。まず自身の裁量で行動をしても、成果が自分ごとではなくなります。なぜならこの場合は成果に責任があるのは上位者だからです。これでは EX の成果循環モデルの「目的」と「行動」があっても、自身の「成果」がないためループを回すことはできません。

　従業員に責任を持ってもらうことを難しいと考える理由はいくつもあるでしょう。下位者に任せられるほど信頼しきれていない、従業員のプレッシャーになることを避けたいなどです。しかし、それを超えてでも、自律の観点では従業員が責任を持つ必要があります。「行動の選択の自由」という視点では裁量と責任をセットで考えるようにしましょう。

制約事項

　従業員が選択できる行動は、社会や組織の制約事項を遵守する必要があります。従業員は制約を破ると不利益を被ることを理解し、守ろうとするのが自然です。ここでは組織の制約事項をいくつか例示します。

●従業員規則
● IT リソースの利用制限
●従業員に割り当てられている予算

　もし、こういった制約事項をすぐに確認できない場合、従業員は自身の行

動のどこからが NG かが分からず、「迷い」が生じてリスクのない行動を取ろうとします。行動の選択の自由を奪っているのと同義です。そうならないために、従業員が制約事項にたどり着くまでの導線がスムーズかを確認するとよいでしょう。前節の「情報の集約」も参考にしてみてください。

制約事項のアクセス性がよくても、制約事項が"多い"とそれだけ行動の選択肢が狭まってしまいます。制約がすべて従業員に伝わらないためです。過度に制約事項を設けていないかも確認する必要があります。特に、セキュリティ関連の制約は過剰になりやすいです。

ただし、どれも重要で制約事項を減らすのが難しい場合もあるでしょう。従業員は「ここを見れば制約が分かる」という制約の参照先が分かっているだけでも少しは安心するはずです。その場合、導線だけは必ず確保するようにしましょう。

顧客に近い現場の判断

もし現場には裁量と責任がなく、上位者が一貫して意思決定している場合、顧客との距離感が問題になる可能性があります。1章で紹介したリッツ・カールトンホテルと対比するためにホテルを例にすると、従業員ではなくオーナーが宿泊客の状況に合わせたサービスを都度判断している状態です。

これでは顧客にとって最適なサービスを提供することが難しく、意思決定までの時間も長くなります。宿泊客は時間がかかって的はずれなサービスを受け、宿泊客の CX は台無しになるでしょう。つまり、現場が状況に応じた行動を選択できることは、CX 向上の観点で大切になるということです。

時間と空間の選択

働く時間を柔軟に選べる、自宅でも顧客と会話できる、移動中でも業務を行えるなど、いつどこで仕事をしても良いという「時間と空間の自由」は、

行動に至るまでのスピードを加速します。会社にいないとできないという空間の制限があっても、思ったときにできる自由があれば、その制限の不自由さをカバーできます。従業員が思ったときに行動できるようにするためには、社内ネットワークにすぐつながる PC やスマートフォン、オフィスソフトウェアといった IT リソースで支援できます。

　ただ、いつ・どこでも仕事できる状況を履き違え、休日や時間外でも仕事の依頼が飛び交うようになってしまっては本末転倒です。「時間外のチャットや仕事の依頼は禁止」など業務ルールを工夫することで、このような状態を回避できます。

選択の自由をシステムの考慮に入れる

　ここまで、さまざまな観点で、行動の選択の自由が従業員に必要であることを説明してきました。これらの考慮事項を踏まえ、エンタープライズシステムで従業員の行動の選択の自由を組み込む場合は、以下に気をつけるとよいです。

●成果を出すための行動を制限しすぎない
●自由を与えた行動に対する結果を突きつけられる

　成果を出すための行動の制限とは、例えば「午前中に入力しなければいけない」「定められた手順を遵守する必要がある」といったことです。制限は少なければ少ないほど従業員は行動しやすくなります。

　「時間と空間の自由」を意識するのであれば、どのような仕事の仕方が多くなるのかを想像し、端末や UI の設計などに落とし込むとよいでしょう。端末であれば PC やスマホ、シーンであれば社外や自社、自宅といった形です。注意したいのは、行動を制限することと、適切な情報量を考慮して行動の選択肢を絞ることは別だということです。特定のタイミングで従業員が判

断しやすくするために、行動の選択肢を絞ることは間違いではありません。

　自由を与えた行動に対する結果を突きつけるとは、例えば全員に入力してほしい情報について、いつでも入力していいが、誰が入力していないかは可視化されている状態です。さすがに100人中自分だけ入力していない状況が分かれば、自ら入れようとする心理が働くはずです。

　ただし「なぜ入力していないのか」と問い詰めると従業員のペインが増えることになるので、あくまで自分で気づく仕掛けを用意してプレッシャーをかけないようにすることが大切です。

視点5　成果と目標の進捗を追う

　EXの成果循環モデルにおける「目的」と「行動」に続き、「成果」に関する視点に話題を移します。まずは「成果と目標の進捗を追う」視点です。

　成果は、組織や個人で立てた目標に対する実績です。例えば個人では、目標が「問い合わせ対応の月平均が30分以内」に対し「今月平均28分」だったとすれば、それが成果です。組織であれば「運営サイトの年間アクティブユーザー数10万人以上」という目標に対して「今年12万人達成」が成果です。

　基本的には個人やチームの成果の積み重ねが組織の成果になるので、個人よりも組織のほうが年単位や数年など目標の期間が長くなります。個人であれば、月や四半期、半期など短い期間が設定されやすい傾向にあります。

　これらの成果は目標を達成しているかどうかの判断に必要なため、必ず何らかの方法で集計し可視化するはずです。しかし目標に至るまでの"進捗"に関しては、特に追わないことも多いのではないでしょうか。今回ポイントになるのは、この「目標に対する進捗」です。

目標に対する進捗が見える

　目標に対する進捗が常に見られることは、どのような影響があるのでしょ

うか。まずは目標に対する"進捗が良かった"場合です。従業員個人の目標が同じく「問い合わせ対応の月平均が30分以内」だったとします。2週間の時点で「平均25分」でした。この場合、「今の調子でいけば目標を達成しそうだ」という期待感が従業員の報酬になります。報酬はモチベーションの向上や自信といった形で現れます。また"上手くいくコツ"を共有すれば組織的に良い成果が波及していく可能性もあります。

　従業員の2週間の問い合わせ対応が「平均35分」など"進捗が悪かった"場合についても考えてみましょう。これは軌道修正するよい機会です。ここで先行指標と遅行指標の考えを用いる必要があります。

　「問い合わせ対応の月平均」は、さまざまな事象が起こった結果としての遅行指標であるため、それだけを見て改善案を出すことはできません。代わりに、「作業ごとのリードタイム」や「問い合わせ窓口の振り分けの正確性」といった先行指標を確認する必要があります。先行指標を確認すれば改善が必要な作業が浮かび上がるので、事前に先行指標を設定しておくことが重要です。

　メリットが多く挙がりましたが、デメリットもあります。それは悪い状況を罰する文化がある場合です。それでは目標の進捗や成果が可視化されることが、従業員の苦痛になりかねません。心理的安全性をキーワードに「失敗を許容する文化」「失敗から学ぶ文化」を育むことでデメリットを軽減することができます。

　これらを意識して部下を導くとすれば、改善につなげられる先行指標で管理し、早い段階でうまくいかないことに気付き軌道修正させる方法があります。他にも、成果が出なかった場合に行動を責めるのではなく、対話を通じて改善行動の模索をするのもよいでしょう。

　総じて「目標に対する進捗の可視化」のメリットが大きいことが分かります。では、どのように目標に対する進捗を可視化すればよいかを説明します。

図表3-12 可視化における3つの観点と良い例・悪い例

観点	良い例	悪い例
物理	ブラウザからワンクリックでアクセスできる	集計フォルダを開いて、対象年月のファイルを探して開く必要がある
時間	自動で集計されているのでリアルタイムで確認できる	手動で集計するので結果の確認が1週間遅れになる
情報のアクセス性	誰に頼ることもなく状況を確認できる	分析担当者に確認しないと状況を確認できない

成果と目標は確認のしやすさが大事

　成果や目標に対する進捗の可視化は、いかに確認しやすいかがポイントです。移動しないと見えない、時間がかかる、数字の分析が必要、誰かに聞かないと分からないなどの障壁が多いと、情報を見ようとする気持ちも失せてしまいます。情報が必要なときに、すぐに見える状態にすることが大切です。ここで、可視化する上での3つの観点と良い例・悪い例を紹介します（**図表 3-12**）。

　物理・時間・心理の3つの観点を意識して可視化を設計しましょう。ただし、可視化できるようにするには、それなりの投資が必要です。特に決済を判断する上位者が躊躇（ちゅうちょ）することもあるかと思います。その場合は前述のメリットも引用しながら、投資以上の効果が期待できる論拠を示すのが効果的です。納得感をもって可視化に踏み切れるのではないでしょうか。

目標の修正も大切

　もし目標と実態が大きく乖離しているにも関わらず、目標の修正が許されなければどうなるでしょうか。目標を達成する見込みがなければ、成果を出せないことへのフラストレーションや、達成感が得られないことからモチベーションが低下する可能性があります。それでは目標を設定した意味がなくなってしまいます。

目標を柔軟に修正することは、変化する環境に適応し、組織や従業員の成果向上に寄与する重要なプロセスです。そして成果や目標に向けた進捗の可視化は見直しの機会をもたらすので、目標の修正と成果の可視化はセットで考えるようにしましょう。

　特に作業の進捗率といった個人の短期的な目標は見直しの影響が小さいので、積極的に見直すことを意識するとよいです。

視点6　顧客の近くで反応を得る

　成果の視点の2つ目、EXにおける視点としては最後の「顧客の近くで反応を得る」ことについて説明します。視点5の「成果と目標の進捗を追う」ことによって、従業員は自身が達成したことを客観的には理解できるようになっています。しかし可視化だけでは、成果に対して心が動き、目的に共感していたその気持を強めるまでには至りません。

　そこで必要になるのが、自身の行動によって、どのような顧客の反応が生じたかを感じることです。そこで「顧客との近さ」が重要になるわけです。

　まずは、「顧客と近い」状態とは何かについて考えてみましょう。顧客と近いということは、顧客やエンドユーザーなど、所属する組織や自身が作り出した価値を享受する人たちから反応をもらえることです。顧客の反応の距離には**図表3-13**のようなレベル感があります。

　では顧客の近さ、顧客の反応がどのように従業員に作用するのでしょうか。その作用のメカニズムを説明します。

顧客の反応が次の行動の原動力になる

　自律的に行動している従業員にとって、顧客の反応を得られることは、さまざまなメリットがあります。最も大きいのは、ユーザー目線で考えるきっかけになることです。

図表3-13 ：顧客の反応の距離におけるレベル感

レベル感	顧客とのやりとり	状況の例
遠い	全く接点がない	顧客向けの電話やメールなどの連絡窓口が一切ない状態
やや遠い	顧客からの一方的なコミュニケーション	アンケートやレビュー、評価、SNSなどの投稿
近い	限定的な双方向コミュニケーション	電話やメール、チャットツールなどでのやりとり
かなり近い	リアルタイムな双方向コミュニケーション	Zoomなどオンライン会議や直接会っての会話

　直接ユーザーの声を聞けると親近感が湧きます。そうすると、従業員は「この人たちは何に困っているのだろうか」「何を作ったら喜んでもらえるのだろうか」と自らユーザー目線で考え動くようになります。自然と上位者や周囲のメンバーに対しても自らの意見を発するようになっていきます。ユーザーへの親近感は顧客の反応の距離が近ければ近いほど強くなる傾向があります。

　次のメリットは、自身が行動した結果、ユーザーのポジティブな反応を「報酬」として得られることです。ポジティブな反応は、喜んでくれる、感謝されるなどです。自分がしたいと思って行動したことが、世の中に貢献できている実感を持つことができるので、「報酬」はEXの4つの要素の1つ「自己実現」につながります。この「自己実現」も次の行動の原動力になります。

　もう1つメリットがあります。それは発言力がある委託元や上位者の意見を超えて、客観的な事実であるユーザーの反応に向き合って行動できることです。委託元や上位者が「経験上ここに問題があるはずなので対処しよう」と仮説をベースに言ってきた場合、通常であれば納得感がなくても従うことになります。権威者に従うことは行動する上での障壁です。

　しかし、ユーザーが「こういうことで困っています」と言った場合はどうでしょう。これは事実ですので仮説に勝ります。ユーザーの反応は煩わ

しい力関係の制限を軽減できるというわけです。人間中心設計や UX（User eXperience：顧客体験）デザインに取り組んでいる場合は、なおさらユーザーから得た情報を重視するので、このメリットはより強まります。

　ここまで挙げたメリットはどれも従業員の行動の促進につながります。つまり、顧客の反応を得ることは、次の目標達成の原動力になるということです。

業種や役職に関わらない顧客の近さの重要性

　エンドユーザーとの距離感は、企業や組織の業態や役割の違いによって異なります。サービス業や CS 部門は、一般的にエンドユーザーに近いと言えます。逆に委託業務における 2 次受け、3 次受けのような会社やサービスの運用部門、サプライチェーンの上流などはエンドユーザーとの距離は遠くなる傾向にあるでしょう。

　例えばサプライチェーンの問題として、企業間の連携不足が指摘されています。それは、個々の組織や領域の中だけで最適化を図っているからです。全体の利益は、最後には自社利益にもつながります。自社を飛び越えて全体の利益にまで考えを及ばせるにはどうすればよいでしょうか。

　そこで提案したいのが、サプライチェーン全体で意図的に顧客の反応を見る場を作り出すことです。顧客の反応は、個別最適化が顧客価値につながっていないことに気付くきっかけになります。サプライチェーン全体として「顧客のポジティブな反応を引き出すにはどうすればいいか」という一段高い視点で考えられるようになるため、おのずと「組織を超えた連携」が生まれるようになります。これらがチェーン全体の業務効率の向上に寄与すると考えています。

　「組織を超えた連携」には組織間の目的共有も重要です。目的が 1 つになっていれば、OKR のような形で、自社の目的が上にどうつながっているかを考えられ、全社を通じての全体最適を目指せます。目的を共有できれば、顧

客価値も統一でき、サプライチェーン全体の業務効率向上につながり、ひいては企業や部門間の連携の課題も解消できる可能性があります。

　ここまで EX に取り組む上で必要な 6 つの視点を紹介しました。繰り返しになりますが、6 つの視点は強弱をつけて取り組むことをお薦めします。組織として課題に感じる視点、優先度を下げていい視点について話し合ってみるとよいでしょう。

CHAPTER

4

EXを成功に導く
ジャーニーOps

3章までで、EX（Employee eXperience：従業員体験）の重要性と、EXを向上させるための6つの視点について説明しました。ですがEXの6つの視点だけを意識して改善を進めればうまくいくのでしょうか。実はエンタープライズシステムの開発では、慣習や構造上の問題が壁になり、EXの成功を阻む恐れがあります。

　4章では、エンタープライズシステム開発の現場に立ちはだかる壁と、その原因となる"考え方"、壁を乗り越える手段としてのジャーニーOps（組織レベルで取り組むべきジャーニー）について解説します。

4-1 ｜ エンタープライズシステム開発の3つの壁

　EXを重視してエンタープライズシステムの開発を進めるうえで、立ちはだかる3つの壁が存在します。

●システム投資の壁
●受託開発の壁
●システム部門の壁

　これらの壁は、実際に社内向けのシステム開発に従事した経験に基づいています。エンタープライズシステム開発に取り組んだ経験のある方々であれば共感出来る内容でしょう。

システム投資の壁

　システム投資の壁として、まずはエンタープライズシステムの開発に投資する際の目標設定の問題について説明します。

　「発注業務の時間削減」「顧客獲得数向上」といったビジネス成果に偏った

目標を掲げたプロジェクトに心当たりはありませんか。もしくは、現場に焦点は当てつつも、「発注業務の生産性向上」といった抽象的な目標を掲げることもあります。生産性向上は1日当たりの発注数量など具体化できるはずです。

　ここでの問題の論点は、経営者の目線に偏ってシステム投資の効果を設定し、現場の主役である従業員の行動変化に意識が向けられていないことです。もし現場に寄り添わないままシステムが完成してしまった場合、「現場ニーズの無視」「従業員体験の悪化」「業務改善の適用範囲の見落とし」といった問題に発展する可能性があります。

　なぜ投資目標が経営寄りになるのかというと、経営課題をベースにプロジェクトの主要な成果に設定すれば投資対効果を客観的に判断しやすいからです。一方、現場の行動変化、システムが現場にもたらす効果は定量化が難しく、結果がすぐに表れないことも多いです。そのため、すぐに結果が出ない従業員の体験に関する指標よりも「時間削減」など短期的に分かりやすい指標が第一目標に設定されることになります。

　また、プロセス指向的に従業員を業務プロセスの"歯車"のような想定どおり動く"モノ"として扱い、ユーザーの行動の変化に関する目標を設定する必要性をそもそも感じていない可能性もあります。

　システムの投資対効果の"計測"にも問題があります。予算は一種類のシステム開発プロジェクト単位で確保される場合がほとんどであり、その場合はプロジェクト完了後にシステムの実際の運用効果を計測するモチベーションが不足する傾向にあります。

　特にプロジェクト単位で評価する組織では、プロジェクトの完遂がいつの間にか目的化するか、品質が良いかなどのアウトプット自体に焦点が当たり、現場にもたらされる効果、つまりアウトカムには目が行きません。このような状況ではリリース後に全く計測しないことになります。

　システム投資効果について上層部から報告を求められた場合、「それだけ

お金を使ったのに効果が出ないとは何事か？」などと責められることを恐れ、「効果が出なかったという報告は許されない」と感じる傾向にあります。そして、「効果が出ていないかもしれない」という恐怖心は計測に対する抵抗感として現れます。それでは前向きに計測して、そこから得た気付きを活用することはできません。

　計測を怠って改善の機会を見逃すと、現場が変わらないことへの従業員の失望とモチベーションの低下につながる恐れがあります。これらの問題は、システム投資の構造的な課題を浮き彫りにしています。

受託開発の壁

　EX を実践するにあたっては、受託開発会社がユーザーの目線に立って開発することが非常に難しいという問題もあります。

　システムの開発を受託開発会社に外注する際、どれだけ実力があるかのアピールがあったとしても、受託開発会社に作り切る能力があることを確信するのは困難です。そこで発注側が取りうる代表的な選択肢は「信頼関係を重視してリスクを承知の上で準委任契約する」もしくは「リスク回避を重視して相手にリスクを負わせるために請負契約する」の 2 択です。

　ここでは後者の請負契約を前提に考えます。請負契約ではアウトプット（完成したシステム）をベースに契約するため、開発の本来のゴールであるアウトカム（システムがもたらす価値）を実現することが難しくなります。補足としてアウトカムを約束する成果報酬型の契約がありますが、成果を正確に評価することの難しさから採用される事はあまりありません。このような契約の種類は独立行政法人情報処理推進機構（IPA）が提供している共通フレームの定義を参照するのが通例です。

　請負開発を受託開発側の視点で捉えると、完成したシステムを求められているので、発注側の指示通りのシステム開発に徹することになります。利

用者にとって使いやすいシステ
ムを考えるモチベーションはほ
とんどないと言っていいでしょ
う。ユーザーが直接触れるイン
タフェースを開発しているにも
かかわらず、「使いやすさ」につ
いて深く考える余地がないため、
従業員体験向上のためのシステ
ム開発が難しくなります。

さらに、請負契約だけでなく
準委任契約にも当てはまります
が、依頼人と請負人の関係性が

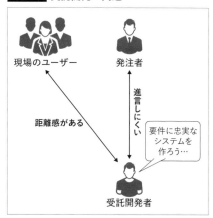

図表4-1 受託開発の問題

成立しているため、心理的に発注側と受託開発会社が対等に発言することが
難しくなります（**図表 4-1**）。発注側の歩み寄りの欠如、受託開発会社の下
手に出る姿勢が、この上下関係を強めます。仮に受託開発メンバーの中に「こ
う変えたほうが現場の体験がよくなるはず」と素晴らしいアイデアが芽生え
たとしても、発注側の意図を尊重し発言を差し控える傾向にあります。

受託開発会社と現場のユーザーとの距離感も、この問題に拍車をかけてい
ます。受託開発会社の開発者は、システムを利用する現場との直接的な接点
が少ないことが通常です。PM（Project Manager）や発注側の顧客担当者
が主体になってユーザーと接し、開発者は付いていくだけというパターンや、
ユーザーが忙しくて十分な時間を取れず回数を重ねられないといったこと
が、受託開発会社とユーザーの接点が少なくなる原因です。これでは、開発
者はユーザー自身についてのイメージアップやユーザーへの共感、ユーザー
が本当に困っていることの理解ができません。

この場合は受託開発会社から現場との接点を持つよう働きかけるしかあり
ませんが、それも中々できることではありません。こういった負の力学が働
いてしまうのが、受託開発の構造の問題です。

システム部門の壁

　システム部門が会社にとって利益を生まない部署（コストセンター）であることも、エンタープライズシステムの開発で特有の問題を引き起こしています。システム部門は、低コストで経営上求められる成果を達成することがミッションになることが多いです。担当するエンタープライズシステムの開発では、おのずと QCD（Quality、Cost、Delivery）の中でもコストを重視し、一定の予算内で必要な機能を実現することに焦点が置かれるようになります（**図表 4-2**）。

　そのような状況の例として、実際にあった社内経費システム刷新のプロジェクトを紹介します。

　自社のシステム部門は「予算と納期内に全ての機能を作ってリリースする」ことを最優先してプロジェクトを進めました。「従業員がストレスなく経費申請できるか」「リリースしたあとも改善しやすいか」といった観点はありません。結果、予算と納期は守れたものの、使いにくいシステムに従業員の不満が噴出しました。さらに、追加改修しようと思っても自動テスト機能がなく、既存機能への影響がないかどうかの品質担保のために、当初想定し得なかった費用と時間が必要な状態に陥りました。

　一度プロジェクトがコスト優先になってしまうと、メンバーはコスト遵守・コスト削減という制約下で開発を進めることになります。予算内での機能の

図表4-2 システム部門の問題

実装や開発スケジュールの遵守に手一杯で、現場にもたらす効果に目を向けることはより一層困難になります。

4-2 ｜ 3つの壁の背景にあるプロセス指向

EXを実践する上での3つの壁に共通するのは、従業員の体験や現場にもたらされる変化に焦点が当たりにくいことでした。その背景には、組織のプロセス指向が潜んでいます。

プロセス指向と従業員の軽視

プロセス指向は2章でも触れていますが、組織や業務の手順や流れに着目し、最適化・効率化するアプローチです。ここでも少し過去の経緯を踏まえてプロセス指向について見ていきたいと思います。

プロセス指向は、20世紀初頭の米国フォード・モーターの生産管理にも用いられました。当時では画期的なライン生産方式を確立し、フォードの成長に大きく寄与しました。そういった大量生産時代では、従業員は生産ラインの機械の一部（＝モノ）のように扱われていましたが、作れば作るほど業績向上につながったため大きな問題にはなりませんでした。

しかし昨今、人的資本経営を主軸に、従業員のポテンシャルをいかに引き出し、他社にはない優位性を確立するかが企業存続の命運を分ける時代です。企業における従業員はモノではなく、企業価値の源泉です。

プロセス指向自体、うまく活用すれば有用ではありますが、機械的な側面に焦点を当て過ぎて、ヒトの側面を軽視することはEXにとって"致命的"とも言える問題です。

エンタープライズシステム開発にプロセス指向が用いられている要因とし

て、組織のプロセスの成熟度を評価するモデルである「CMMI（Capability Maturity Model Integration）」が挙げられます。CMMI は主にプロセスの定義、実行、管理に焦点を当て、これらのプロセスが効果的に実行できるようにするためのモデルです。つまり CMMI はプロセス指向をベースに考案されているということです。

システム開発のマネジメントはこの CMMI を参照するケースが多く、おのずとシステム開発にプロセス指向が浸透していったと考えられます。CMMI では、成果や結果といったアウトカムに対する直接的な指針や要件は提供しているわけではないため、それらを重視する EX とは相性があまりいいとは言えません。

開発にプロセス指向が用いられるもう 1 つの要因として、システム投資判断がしやすいという点が挙げられます。新しいプロセスが確定すると、機能を洗い出し、見積もりを出すことができるので、投資コストが明らかになります。プロセスの改善点を洗い出せれば収益やコストに関係する「ビジネス的な効果」の部分も明らかになるので、投資対効果を説明することができます。

一方、システム投資の構造の壁でも触れたように、このプロセス指向を用いた場合、その投資が「現場の従業員にもたらす効果」は導き出せません。

現行プロセスへの固執と個別最適化

マネジャーが主体になって業務プロセスを徹底的に標準化・効率化していると、マネジャーは「現状が最適だ」と考えて同じ進め方を継続したい気持ちになります。これは過去の成功体験への執着や、バックキャスト（あるべき姿から逆算）で考えないことから生じます。そういった状況では、従業員たちは新しいアイデアや柔軟性を取り入れ、業務を改善しようというモチベーションが低下します。

徹底的に効率化していると思っていても、視野を広げて組織や部門横断でとらえると逆に非効率になっている、いわゆる個別最適化やサイロ化と呼ばれる問題も発生します。そうなると、各組織個別で見れば「最適化できている」と満足してしまい、改善につながる気付きと変化が生まれにくい状況に陥ります。

　プロセスの改善が従業員の負担になる、もしくはうまく機能していた従来のプロセスを壊す可能性もあるため、必ずしもプロセスを改善していくことが正しいわけではありません。従業員の負担や悪化の可能性も踏まえて改善を"考えるタイミングが訪れにくい"ことが、現行プロセスへの固執と個別最適化の問題です。

4-3 ｜ 壁を乗り越えるためのジャーニーOps

　3つの壁とその背景にあるプロセス指向の負の側面が、EX を取り組む上での障害になります。では、その障害をどう乗り越えるかについて考えます。

　厄介なのは、組織文化や構造という深いレベルまで根付いているので、少数のメンバーが意識を変えるだけでは乗り越えることが難しいという点です。それも踏まえて障害を乗り越え、EX に取り組む組織には次の3つの転換が必要と考えています。

●プロセス指向からエクスペリエンス指向への転換
●エクスペリエンス指向前提の意思決定プロセスへの転換
●エクスペリエンス指向前提の開発体制への転換

　エクスペリエンス指向については2章で説明しました。ルールやプロセスよりもヒトが価値を生み出す主体と捉え、ヒトに重きを置く考え方です。こ

れらの転換を実現する方法として提案したいのが、エクスペリエンス指向を体現していると言ってもよい「ジャーニー Ops」という手法です。ジャーニー Ops の正式名称は「ジャーニーマップ Ops（Journey Map Ops）[※1]」ですが、本書では短く「ジャーニー Ops と」表記します。

ジャーニーOpsとは

ジャーニー Ops はサービスデザインのコーチとして関連書籍も出版しているマーク・スティックドーン（Marc Stickdorn）氏が提唱したジャーニーマップを最大限に活用する方法です。

ジャーニーマップは 3 章でも少し触れていますが、ペルソナの「行動」「思考」「感情」を時系列で可視化し、ペルソナが特定のゴールに辿り着くまでの一連の体験を描く手法、もしくはその成果物を指します。従業員の感情と体験に寄り添う上で最も強力なツールです。ただこれまでは、一種類のプロジェクト単位のシステム開発に予算や管理がフォーカスされていたため特定領域のみのマップが作られ、プロジェクトが終わったら使わなくなることが多かったことから「部署横断的」で「継続的」な活用に問題がありました。

ジャーニー Ops は、ジャーニーマップの 2 つの問題を解決する取り組みであり「DevOps」から着想を得ています。DevOps は、開発と運用をシームレスに結びつけ、継続的な改善を通じて素早いソフトウェアデリバリーを可能にする手法です。その DevOps から、Dev（開発者）と Ops（運用者）が肩を組むような「部署横断的」な概念と、絶え間ない変化に対応する「継続性」がエッセンスとしてジャーニー Ops の "Ops" に組み込まれています。ジャーニー Ops の特徴は次の通りです。

出典：「THIS IS DOING.」https://www.thisisdoing.com/landing-page/journey-map-operations（2024年3月1日アクセス）

●異なる組織やチームの境界を超えて連携し、ジャーニーマップと向き合う
●ジャーニーマップの作成と運用のプロセスに自動化を取り入れる
●ジャーニーマップを段階的に作成し、相互にリンクする
●行動、反応、嗜好といったデータを分析し、意思決定に活用する

ジャーニーOpsをEXで活用する

　ジャーニー Ops は顧客と従業員向けに、会社やプロジェクトなど大小様々な規模感で使える手法です。ここでは、「事業部」と「プロジェクト」の規模感で活用する前提で説明します。まずは各規模感の定義を以下に示します。

事業部：特定の事業向けに、開発や営業、マーケティングなど複数の職能メンバーが協力する組織単位を想定する。事業部制でなくともプロダクトやサービスなどを運営する組織として、特定のビジネス価値に向けて複数の職能メンバーが協業していれば同じ意味合いとする。例えば「事業部」を「プロダクトを運営する組織」や「サービスを運営する組織」とするなど

プロジェクト：組織で展開している事業で、特定の目的を達成するために結成した有期性のあるチームを想定する。例えば、事業部内で立ち上げた新しいエンタープライズシステムの開発や運用中のシステムの改修を担うチームが挙げられる

　「事業部」規模では、その組織で最上段に掲げるジャーニーマップを作成します。事業部がどのような従業員の体験を実現したいか、その戦略を示すジャーニーマップです。まずはそのジャーニーマップを組織全体で参照できるようにします。
　エンタープライズシステム開発の「プロジェクト」では、「事業部」など

図表4-3 3つの壁へのジャーニーOpsの適用効果

壁	Before	After（ジャーニー Ops を実践）
システム投資の壁	・システム投資の目的としてビジネス効果の側面に焦点を当てる ・システム投資の効果が十分に計測されない	・システム投資が現場にもたらす効果を理解し、アウトカムを設定できる ・ジャーニーをベースに目標のアウトカムを実現できているかを計測できる
受託開発の壁	・受託側が現場の視点も改善のモチベーションもない ・受託側の開発者とユーザーの接点が少ない	・ジャーニーを通じて受託側と現場の視点と実現したい価値を共通認識できる ・ジャーニーの作成と実現度合いの確認のためにユーザーと密接に関わる
システム部門の壁	・コストを優先してプロジェクトを進めてしまう	・プロジェクトのコストより現場にもたらす効果に目を向けられる

上位のジャーニーマップから「プロジェクト」用のジャーニーマップを作成します。ジャーニーマップ間で、従業員の体験や価値の整合性が取れているかを確認できるようになります。

　それでは、3つの壁をジャーニー Ops で乗り越えられるかを確認したのが**図表4-3**です。

　3つの壁および背景にプロセス指向があったとしても、ジャーニー Ops を実践することで、従業員の体験や現場にもたらされる変化に焦点を当て続けられます。これで問題なく EX の取り組みを着実に進められるようになるのではないでしょうか。

4-4 | ジャーニーOpsに取り組む方法

　ジャーニー Ops に取り組むために、どのようにすればよいかについて説明します。先に「事業部」と「プロジェクト」の規模感で活用するとしましたが、どちらの規模感でも大枠の流れは変わりません。異なる点については"プロジェクトでは"など補足を記載します。

　まずジャーニーマップを作成する前に、必要なメンバーを集め、戦略をツリー形式のミッションと成果目標を表す OKR（Objectives and Key Results）、優先事項を明確にします。これらの"足掛かり"が揃うことで、ジャーニーマップは初めて正しい従業員の体験を設計できます。「戦略」→「ジャーニー」→「事業部やプロジェクトの活動」と段階的に整合性が取れていることが大切です。各ステップを順に説明していきます。

ジャーニーチームの結成

　ジャーニーチームはジャーニー Ops に関わる集団です。まずは、だれがチームを結成し、実行のリーダーを担うのかについて考えてみましょう。ジャーニーチームは部署横断的な活動が中心なので、経営層は必須で関わることになります。

図表4-4 ジャーニーOpsに取り組む順序

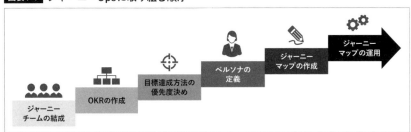

それを踏まえると、横断的な課題に責任を持つ執行役員クラスが実行する「経営層主体」か、比較的現場に近く実行力もある部長クラスが権限の委譲を受けて推進する「ミドル層主体」の2パターンが挙げられます。それぞれ進める上で気をつけるべきポイントは以下です。

経営層主体：全社的な目標を踏まえて、従業員視点での"組織を跨いだ"活動に着目する。活動が軌道に乗ってきたら旗振りをミドル層に委譲することも視野に入れるとよい。権限の移譲は実行力を強化できるだけでなく、次世代リーダーの育成にも繋がる。その際丸投げにならないように、活動に関与し続けることが重要

ミドル層主体：他部門と連携を取り全体的な課題を扱うようにする。全社的な視点を持つ経営層をチームの一員として巻き込み、一体となって進められるようにする。経営層をステークホルダーという遠い立場にしないように注意が必要

　誰が推進役かのイメージができたところで、チームの結成に話題を進めます。まずは、事業部やプロジェクトのミッションとビジネス目標を確認し、「ミッションや目標にコミットする組織の人か」という観点でメンバーを集めましょう。もし、ミッションやビジネス目標がまだ決まっていない場合は、仮説レベルでも構いません。仮置きした上で人選をします。

　人選のポイントは、「経営層だけでなく従業員まで」と「特定の部署だけでなく部署横断的に」の2点です。タテ（階層）とヨコ（組織）の2軸で広くメンバーを集めることで、組織全体の包括的な視点を確保できます。ただし、人数が多すぎると意思決定や活動コストの面で支障が出てしまうため、多くても10人程度に収めると良いでしょう。

　「プロジェクト」の場合、受託開発の壁を上手に乗り越えるために、例え

ば受託開発会社と成果物の請負契約ではなく準委任契約とした上で、この段階でジャーニーチームに参加してもらう方法があります。その後の開発がスムーズになるのでお薦めです。

　メンバーが集まったら、チームビルディングをします。チームビルディング自体の説明は割愛しますが、文化や価値観の相互理解は大事なので少し触れます。

　同じ会社でも、役職や部署の違いにより、価値観や視点、使っている言葉がバラバラなのは自然なことです。まずは、それらをすべて付箋に書き出して並べます。メンバーの多様性が明確になります。付箋に書き出した本人が内容を説明し、他メンバーの質問を通して理解を深めます。内容によっては反論や指摘をしたくなることもあるはずですが、批判なくそのまま受け入れることが大切です。

OKRの作成

　前のステップでは「ミッションやビジネス目標」からジャーニーチームの人選をしました。このステップでは、そのミッションや成果目標をツリー構造、つまり OKR の形式で表します。「戦略」から「ジャーニー」を作ると説明しましたが、その戦略をジャーニーチームのメンバーで認識合わせするのが目的です。戦略に対する各メンバーの認識が合わないとジャーニーも定まらないので、とても重要です。

　3 章では OKR を従業員の自律的な行動を促す手段の 1 つとして紹介しました。ここではジャーニー Ops を活用した EX を推進する視点で OKR について考えます。

　OKR のメリットは、成果目標のつながりを示すだけでなく、組織全体、つまり階層（タテ）と組織（ヨコ）で同じ成果目標のツリーを共有できる点です。このメリットは 3 章の EX の 6 つの視点の「境界を超えた目標共有」

図表4-5 OKRとNorth Star Metric

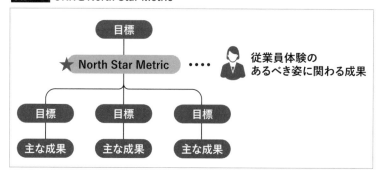

で言及しています。

ジャーニーマップの取り組みにおいて OKR を採用する理由として、EX の取り組みと相性が良いことが挙げられます。EX の目標（Objective）は定量化が難しい場合が多いですが、定性的な「従業員体験のあるべき姿」を目標として掲げ、その目標に向けた施策、評価や改善が可能になるためです。

最初に取り掛かるべきは、組織レベルの目標の最上段にビジネス成果をドライブする「従業員体験のあるべき姿」に関する主要指標を入れて、ジャーニー Ops チームの共通認識にすることです。

この最上段に掲げる主要指標を「North Star Metric（ノーススターメトリック）[2]」とも呼び、OKR と組み合わせられる手法です（**図表 4-5**）。ビジョンや目標達成に向けて全体の方向を示す中心的な指標であり、組織全体が一体となって進む方向を示します。ジャーニー Ops チームでまず、この North Star Metric を決めましょう。

検討の際は、異なる役割や組織のメンバーが集まっているため、さまざま

出典：「What is a North Star Metric?」https://blog.growthhackers.com/what-is-a-north-star-metric-b31a8512923f(2024年3月1日アクセス)

な思惑が交錯するはずです。相反する要素が出た場合は、まずホワイトボードなどを使って机上にすべてを洗い出し、全員の目に入るようにした上で、企業全体の視点から優先順位を付けます。相反する要素として、例えば各組織のミッションや評価指標があります。決して、特定の組織の意見を押し通すようなことがないように、意見をする側も聞く側も注意をしましょう。

　North Star Metric を設定する際は、投資の壁でも触れたように、ビジネス的側面だけでなく、現場や業務の視点で意味のある成果も定義するのがポイントです。現場や業務の考えを取り入れるコツは、従業員の行動に着目することです。組織ごとの部分最適になることを避ける、売上や獲得リード数等の遅行指標に執着しないといったことにも留意しましょう。

　North Star Metric が設定できたら、順次、下位の目標と主要な成果を検討します。下位の主要な成果が向上したら North Star Metric にも良い影響があるといったように連動する必要があることには注意してください。既に上位の成果目標が存在するのであれば、必ず参照して繋がりを確認してください。

　例えば、事業部制組織の場合は「会社」が、事業部内プロジェクトの場合は「事業部」が上位の成果目標といった形です。既存の OKR が「事業部」や「プロジェクト」を網羅している場合は、このタイミングで見直しましょう。

目標達成方法の優先度を決める

　ここまでチームを形成して価値観を交換し、OKR で成果目標を可視化できました。今度は成果目標に対する「達成方法」を洗い出し、優先事項を決めましょう。

　目標の達成方法は、タテ（階層）とヨコ（組織）の価値観の違いが色濃く反映されます。成果目標に「経費申請のリードタイム 50% 削減」があった場合、財務部は「申請フローの簡略化」、システム部は「見栄えがよく使い

やすい UI」を提案するといった形です。この例はトレードオフの関係ではないので優先度を決めるだけで済みます。ですが「プロセスの標準化 vs 柔軟なプロセス」「オンライン化 vs セキュリティの担保」のように相反してしまうこともあります。できる限り WIN-WIN になる着地点を模索しましょう。

　ここで気をつけたいのが、重要性を押し通しやすい「セキュリティの担保」といった観点を軸足に置くことです。そうすると「オンライン化は断念しよう」という判断から EX を犠牲にする流れになってしまいます。

　お薦めするのは North Star Metric で設定した従業員体験を議論の中心に置くことです。North Star Metric を実現する上で、多少犠牲にせざるを得ない要素を洗い出し、組織として許容できるかを考えるといった流れを組むと、建設的に議論を進められます。

　システム以外の領域（文化、評価制度、ルール、人間関係等）にも着目すると良いです。総合的な視点で目標達成方法の優先順位を共通認識化します。人間関係についてはステークホルダーマップを作っておくと見通しが良くなります。ステークホルダーマップについては 5 章で説明します。

ペルソナの定義

　ペルソナはシステムやサービスの対象になる仮想のユーザー像です（**図表 4-6**）。ジャーニーマップはペルソナを基に作るので、ペルソナの定義は必要不可欠です。なお、ペルソナの定義は前述の「目標達成方法の優先度決

図表4-6 ペルソナの例

- 佐藤優一（32歳）
- 関東地区のアパレル系企業の顧客を担当
- プロジェクトでは要件定義から参画する中堅SE
- 上司でありPMの山田さんとは気軽に相談できる中
- 日々の勤怠の入力に時間がかかりストレスになっている
- 週2でリモートワーク

め」との関連性は強くないため、それより前に実施しても大丈夫です。

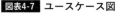
図表4-7　ユースケース図

発注する

キャンセルする

棚卸しする

　ここではペルソナを従業員として表します。作成する上でのポイントは、モノではなく一人の人間として、感情移入し共感できるようにすることです。

　システム開発の要件分析で使用されている UML（Unified Modeling Language）のユースケース図ではアクターを棒人間で表します（**図表4-7**）。ですが棒人間に感情移入できる人はいないでしょう。感情移入するためには人間のリアリティさが必要不可欠です。抽象的にとらえることは、もちろん大事ですが、実際は誰一人として顔がない人間はいません。

　従業員は個々に異なる生活を送っています。従業員が何を考え、何を感じているのかを繊細に想像し、共感できるようにしましょう。特に意識したいのは次の3点です。

●顔があるか
●感情が見えているか
●共感しているか

　従業員のペルソナを考える際、B to C（一般消費者向けに行う企業のビジネス形態）のプロダクトやサービスであれば私生活まで踏み込んでイメージすることもあります。ですが B to B（企業向けに行う企業のビジネス形態）や社内向けの場合は、特定の個人に寄りすぎるとターゲットを狭める可能性があるため、お薦めしません。

　EX でペルソナを考える場合は、組織のビジョンやミッション、個人評価、

上司や同僚との人間関係、そこから生まれる価値観に注目するとよいです。

　リモートワークが一般化し、会社生活と私生活の境界がより曖昧になっていることや、Z世代が仕事よりプライベート、お金より幸福感を重視する傾向がある点も見逃せません。このように、社会全体の価値観や行動様式の変化も念頭に置くとよいでしょう。

　ペルソナを作成する方法としては、ペルソナが持つ価値観について業界の特徴を意識しつつ言語化する方法や、複数のペルソナを作成したあとに共通点を抽象化し1つのペルソナにまとめるという方法もあります。

4-5 | ジャーニーマップの作成

　ようやくジャーニーマップを作成する段階まで来ました（**図表4-8**）。

図表4-8 ジャーニーマップの例

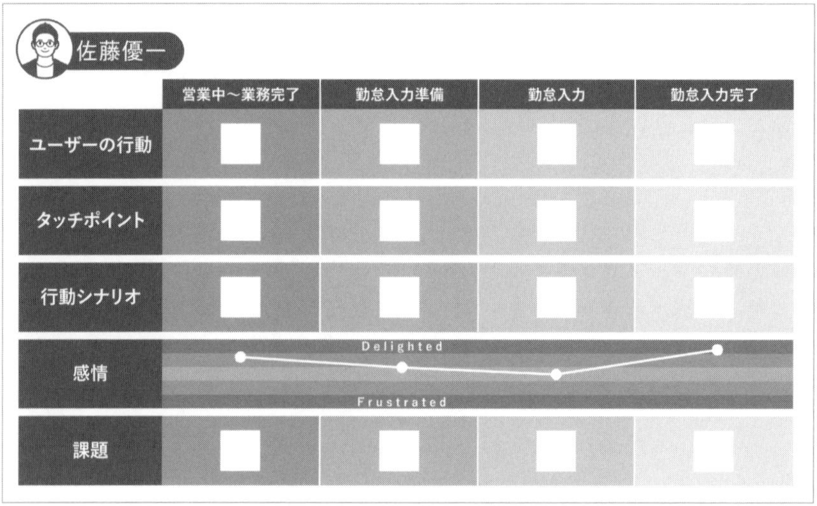

佐藤優一	営業中〜業務完了	勤怠入力準備	勤怠入力	勤怠入力完了
ユーザーの行動	☐	☐	☐	☐
タッチポイント	☐	☐	☐	☐
行動シナリオ	☐	☐	☐	☐
感情	Delighted / Frustrated			
課題	☐	☐	☐	☐

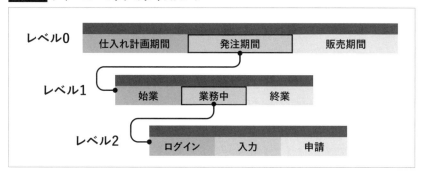

図表4-9 ジャーニーマップのタイムスパン

ジャーニーマップ自体の作成手順は、Web などで入手できる一般的な内容を参照しても問題ないため割愛しますが、タッチポイントと感情は、ジャーニーマップの肝になるので必ず書くようにしましょう。

　ここで、まず理解しておきたいことは、従業員のジャーニーマップは、さまざまなタイムスパンで描けるということです（**図表 4-9**）。

　従業員のタイムスパンの例を長い順に挙げます。

●入社〜退職
●プロジェクトの開始〜終了
●月初め〜月末
●出社〜退社
●システムの利用開始〜終了
●特定業務の開始〜終了

　これらの異なるタイムスパンのジャーニーマップは、従業員が経験する様々な感情の変化や課題を捉える手がかりになります。どのタイムスパンが

適切なのかを検討することが重要です。プロジェクトであれば、システム利用や特定業務が適切でしょう。

　ジャーニーマップを描く際には、適切と思ったタイムスパンより、1、2段広いジャーニーマップを描画することをお薦めします。「システム利用」に着目していたなら「システム導入前からシステムに習熟するまで」といった形です。

　広いタイムスパンで捉えることで、他のシステム、業務、人とのつながりが明確になります。従業員が対象の業務やシステムを、どのような位置付けとしてとらえているかの理解にも役立ちます。例えば、従業員にとってシステムが自己実現の手段なのか、単に作業を効率化したいのかといった洞察を得られます。

　1、2段広いジャーニーマップが描けたら、必要に応じて詳細なジャーニーマップも描画してみましょう。特に課題が複雑、もしくは改善の余地が明白な場合には、細かなステップやインタラクションをジャーニーマップで明確にすることが、具体的な改善点や効果的なタッチポイントを発見する手がかりになるでしょう。

　ジャーニーマップを作成するためのツールやデータ保管の場所も、「参照容易性」と「メンテナンス性」という観点で重要な要素です。普段使っている表計算ソフトでもジャーニーマップは描けますが、作業効率や共同編集の面で作成しにくいかもしれません。お薦めのツールはオンラインホワイトボードです。共同編集しやすいことと、ブラウザからアクセスできる手軽さを備えています。

　また、「参照容易性」という点で、関連するジャーニーマップ間を行き来できるようにリンクを作成しておくとなお良いです。3章の「集約された情報」で挙げた情報へのたどり着きやすさに関する話も参考にしてみてください。

4-6 | ジャーニーマップの運用

　ジャーニー Ops のステップの締めくくりとして、作成できたジャーニーマップをどう運用するかについて説明します。

　まず大事になるのが、作成したジャーニーマップの参照です。ジャーニーマップは事業部やプロジェクトの戦略を従業員のジャーニーという形で体現しています。つまり、このジャーニーに従って事業部の施策やプロジェクトを進めることは、定めた組織の戦略を実現することと同義です。経営と現場が、事業部やプロジェクトで常に参照して目指す "北極星" として活用しましょう。

　次は、ジャーニーマップの継続的な更新についてです。今まで作成した各ジャーニーマップに担当者を立てましょう。特定のメンバーに依存しないよう、複数人で役割を持つと良いです。この役割は「ジャーニーマップコーディネーター」と呼ばれています。

　役割が決まれば、コーディネーターが責任をもって更新をします。仮説検証をした結果判明した点をジャーニーマップに反映することで運用は安定するでしょう。更新内容の全体周知も忘れずに実施します。共有する内容は、どのような仮説検証結果に基づいて、どの箇所を、どのように直したのかという点を記載するのが望ましいです。

　そして最後は、ジャーニーマップをバウンダリーオブジェクトとして活用する方法です。バウンダリーオブジェクトは、異なる組織やプロセス間の接点を指し、共同創作するなかでチームに役割や役職を超えた一体感と共通認識を醸成します。つまりジャーニーチームはジャーニーマップを通じ、多様な考えを超えて連携できるチームということです（**図版 4-10**）。

　チームは定期的に集まり、ジャーニーマップのアップデート内容の共有や、新たな改善点について話し合える場を作りましょう。ジャーニー Ops を考案したマーク氏によると、月 1 回開催するのがお薦めだそうです。

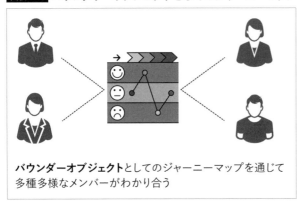

バウンダーオブジェクトとしてのジャーニーマップを通じて
多種多様なメンバーがわかり合う

さらに、バウンダリーオブジェクトはジャーニーチームだけでなく、経営
層から現場までをつなぐものでもあります。OKRや会社全体に公開してい
るデータも同様です。ジャーニーマップも含めたこれらバウンダリーオブ
ジェクトを広く公開し、それを元に議論し、方向性を決め、認識を合わせる
ことで、組織や会社全体としての一体感も高まってくるでしょう。その一体
感が企業のアウトカムの源泉になるはずです。

ここまでEXを成功させる手段としてのジャーニーOpsについて説明し
ました。ジャーニーマップは更新し続けることが大切です。更新し続ける工
夫の1つにアジャイル開発があります。

よくウォーターフォール型の開発と比較されるアジャイル開発ですが、特
徴として短い周期で開発サイクルを回すことが挙げられます。「短い周期」
で仮説検証しながらジャーニーマップに描いた内容を実現していく点が、
ジャーニーOpsと相性がいいところです。

特にアジャイルソフトウェア開発宣言における、「顧客（＝従業員）との
強調」と「変化への対応」、原則の1つである「ビジネス側の人と開発者は、

プロジェクトを通して日々一緒に働く」という点がジャーニー Ops と非常に親和性が高いと考えています。5 章ではアジャイル開発について説明します。

CHAPTER 5

EXを実現するための
アジャイル開発と
スクラムチーム

5-1 | アジャイルなチームでEXを実現する

　ジャーニーマップを描けたら次は、それ実現するためのシステムを開発していくことになります。ただし、最上位の目標や最上段に掲げる主要指標である「North Star Metric」を変えることは、ほぼないとしても、それを具現化したジャーニーマップは1度作ったら2度と変えてはいけないというものではありません。それだけに、ジャーニーマップを実現するためのシステム開発は、変化に強いアジャイル型で取り組むことになります。

　アジャイル開発を実行するためには「スクラムチーム（Scrum Team）」を立ち上げます。スクラムチームで重視しなければならないのは、チームのメンバーが自律的に行動できることです。自律性を高めること、つまりチームが、さまざまな意思決定の権限を持つことで、開発の柔軟性とスピードを両立していきます。

　メンバーの自律性といっても、個々人が自分たちの判断で勝手な方向に進んでいくことを意味しているわけではありません。ジャーニーマップをベースに、ジャーニーチームのメンバーである経営者やシステムのユーザーと協調して取り組む必要があると同時に、ジャーニーチーム外の、さまざまなステークホルダーや外部のパートナーとも協調関係を築いていく必要があります。そうした社会的な関係の中で、EX（Employee Experience：従業員体験）の高いシステムを構築していくことになります。

　なぜ、ジャーニーマップを実現するにはアジャイル型の開発でなくてはならないのでしょうか。従来型の開発手法の代表であるウォーターフォール型システム開発では、なぜ EX を実現できないのでしょうか。

　ウォーターフォール型システム開発とアジャイル型システム開発の違いをまとめたのが**図表 5-1** です。

　ウォーターフォール型のシステム開発体制は、PM（Project Manager）

図表5-1 ウォーターフォール型システム開発とアジャイル型システム開発の違い

ウォーターフォール型システム開発		アジャイル型システム開発
システム開発の目的は組織の業務効率化や制度対応などの業務課題達成	⬌	システム開発の目的はDXの実現やCXを高めることで、ユーザー自らがその実現に関わる
成果の実現において不確実性は低い	⬌	成果の実現において不確実性が高い
システム要件は、主にルールや手続きを決めることで、ユーザーが明確に理解している	⬌	システム要件は価値の実現を目標にするため、その実現方法はさまざまでユーザーが明確に言えるわけではない
システム構築に時間を要することが多い	⬌	段階的に目標に接近してくため、システム構築に時間を要する場合がある
システム開発終了で目標が達成(あとはユーザーがうまく使いこなすかどうか次第)	⬌	まずは重要だが小さな目標を達成し、徐々にシステムの価値を成長
開発者のオーナー意識は低い場合が多い	⬌	開発者のオーナー意識を高める必要がある

をリーダーに階層型のチームが組まれます。そして PM がシステムの仕様に対し決定権を持ちます。

　システムの仕様自体は、ユーザーから要件を獲得し、システム機能仕様として文書化します。そこでは、システムの QCD(Quality:品質・Cost: コスト・Delivery: 納期) を想定しながら優先度を決めていきます。その際、システム投資の目的や現行業務の継続性など、「プロセス指向」的に業務のルールや個々の業務の手続きを固めながらシステム仕様を決定します。

　もちろん、これらの要件を実現することがシステム構築の目的になります。一方で、当初計画したコストや納期に沿わない場合は、開発する機能だけでなく、予算や納期を調整しプロジェクトを進めていきます。開発チームの役割としては、システムが完成すれば目標達成です。乱暴に言えば、完成後はシステムを利用するユーザー次第という考え方です。

　ウォーターフォール型のシステム開発は、決められたシステム要件を実現していくものであり、構造的に EX を高めにくいという問題があります。プロジェクト内でユーザーとシステム開発者の役割や責任の範囲を分けてしま

うと、多くの開発者はシステム開発に注力することになり、開発しているシステムに対するオーナー意識を持ちにくく、EX に対する配慮も高まらないという問題があります。

EXの高いシステムの達成基準は
スクラムチームの外にある

ウォーターフォール型のシステム開発の前提となる業務のルールやプロセスは、EX の達成を目標に置くと、一連の仕様が固まっているわけではありません。CX（Customer Experience：顧客体験）の高いシステムを例にすると、KPI（Key Performance Indicator：業績評価重要指標）を設定できても、その仕様を定義できるものではありません。業務効率化などでは、目標達成に向けて業務手順など実現すべき要件を社内でコントロールできますが、顧客や協業する企業またライバル企業など、達成状況に影響を与える人や企業が社外にいるためです。

CX を EX に置き換えても同様です。システムのユーザーである社員は、業務のルールや手順の遵守を仕事の成果とは、とらえていません。個々人が持つジョブを達成することで会社や組織のビジョンもしくは顧客に貢献することで満足感を得られるのです。その際、どのように会社や組織または顧客に貢献できるのかは、ユーザー自身がコントロールできる範囲を超えることがあり、必ずしも明確な言葉として提示できるわけではありません。

そのため開発メンバーは、ユーザーとの対話を通じてユーザーにとっての価値を仮説として設定し、そこからシステム要件を定め、検証を繰り返しつつ、システムを改善していく必要があります。ユーザーが目的を達成することを支援する立場で、相互に協力し目標に接近していかなければならないのです。

このような仮説と検証を繰り返すシステム開発は、システム要件ありき

のウォーターフォール型のシステム開発では実現が難しくなります。また
ウォーターフォール型では、ユーザーが利用を開始した後は、開発チーム体
制を縮小し、保守担当として軽微な変更に対応する形が一般的です。

これに対し、初期は小さくても重要な目標を達成し、その延長線上で目標
の到達レベルを高めていく考え方でシステムを開発するのがアジャイル型で
あり、それを遂行するのがスクラムチームです。アジャイル型では、システ
ムを構築した後も、システムの実運用を通じてユーザーと協力しシステムを
成長させていきます。

もちろん、高い信頼性を求めるシステムで仮説と検証を繰り返すことは難
しいでしょう。また、複雑だが整合性が求められる機能や、システム基盤の
設計など、完成形が明確なシステム開発においてはウォーターフォール型の
ほうが有利かもしれません。

どちらの開発手法を用いるかは、ケースバイケースであると、とらえてい
ただいても大丈夫ですが、2章で説明したように、従業員のEXを無視した
システム設計では、個々の社員が持つ本来のパフォーマンスは引き出せない
でしょう。ウォーターフォール型かアジャイル型かの、いずれかを選択とい
う発想ではなく、実現する目標やシステムの特性に応じて、どの部分はウォー
ターフォール型で、どの部分はアジャイル型で開発するのかと適切な選択を
行うことが重要なのです。

5-2 | スクラムチームとEXを実現するための"B・T・D"人材

ここで、ジャーニーチームに対するスクラムチームの関係を整理しておき
ます。

スクラムチームは、ジャーニーチームが作った何らかの成果物を受け取っ

てから仕事を開始するわけではありません。ジャーニーマップを具体化する際には、画面のモックアップやプロトタイプ的なシステムが必要になります。その作成には開発者の力を必要です。

　スムーズにスクラムチームを立ち上げるには、ジャーニーチームに開発者が参加し、段階的にスクラムチームを立ち上げるのが適切です。まずはキーになる開発者がジャーニーチームに参加します。そして、システム開発を加速させる段階で、予算や開発者を確保し、スクラムチームを立ち上げていきます。

　スクラムチームが立ち上がれば、ジャーニーチームは解散するのかといえば、そうではありません。KPI の達成はジャーニーチームに参加する社員にも求められます。徐々に開発を進めていく過程では、システムユーザーとして評価に携わらなければなりません。最終的に、運用を初める際、システム展開のサポートも必要です。言い換えれば、スクラムチームを前方、後方の両面からサポートする役割です。

　その意味で、ジャーニーチームとスクラムチームは密な関係を続けていくことが EX を高めるには必要なのです。

スクラムチームの体制

　アジャイル開発では、システム規模の大きさによってチーム数が変わってきます。例えば、大規模なエンタープライズアジャイル開発では、チームを階層化し、スクラムチームを取りまとめるチーム（チーム・オブ・チーム）と、実際に開発を担うスクラムチームに分けることがあります。

　スクラムチームは、ある達成目標をもった機能群ごとにチームを組織化し、その上位に全体目標をアジャイル型で達成するチームを置きます。本書では、難易度が高い大規模なアジャイル開発ではなく、多くても 2 〜 3 チームの開発規模を対象にします。その際のスクラムチームの体制は**図表 5-2** のようになります。

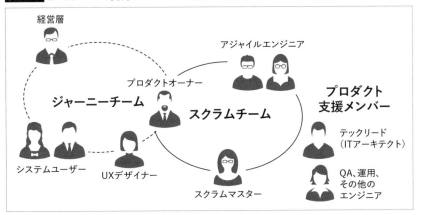

　スクラムチームには、その開発規模により、さまざまなスキルを持ったメンバーが参加します。個々の役割は後述しますが、主には、スクラムマスターとアジャイルエンジニアで構成されます。システムの責任者であるPO（Product Owner:：プロダクトオーナー）やジャーニーチームの一員であるUX（User Experience：顧客体験）デザイナーが加わることもあります。さらにテックリードやQA（Quality Assurance：品質保証）、運用のメンバーがチームを支援しながら共同でプロジェクト運営に当たります。

ビジネス要件はPOとUXデザイナーがリードする

　ここからスクラムチームに関係するメンバーの役割について説明していきます。ここでは主要な職種に絞り、EXに着目した役割や資質についてのみ説明します。

■PO（Product Owner：プロダクトオーナー）

　ジャーニーチームの一員であると同時にスクラムチームの一員です。EX

を高めるために、スクラムチームが優先して開発する機能に対する決定権を持ちます。

　「システム要件や優先度に対する決定権を持つ」といっても PO が自分の考えでシステムに対する要望や意見を述べるという意味ではありません。ジャーニーチームの一員でもあるため、ユーザーの代弁者としての役割もありますが、開発メンバーと一緒にユーザーインタビューに参加することで、ユーザーのインサイト（洞察）を理解したり、UX デザイナーや開発メンバーからの提案を受けてシステム開発の優先度を決めたりします。開発順の決定にあたっては PO が責任を負う達成目標に対して、どの機能が必要かを判断し決めていくことになります。

　PO はサービスの利用者である社員とも関係を築く必要があります。さらに DX（Digital Transformaition：デジタルトランスフォーメーション）や CX（Customer Experience：顧客体験）の向上となれば、社外の顧客に対して、システムが提供するサービスについての満足度も見ていかなければならないケースもあります。従来の要求されたシステムを予算・期日内に完成することに責任を持つ PM（Project Manager）とは責任の範囲が異なります。顧客を含めた関係者からフィードバックを受け、成果を測定し、測定結果について責任を持ちます。

　さらに PO は、社内外のステークホルダーとの各種調整も担わなくてはなりません。経営者や事業責任者とジャーニーマップを用いて目標達成や投資予算について議論をしたり、成果を報告したりしながら、4 章で述べた目標に沿った KPI（Key Performance Indicator：業績評価重要指標）を用いて、当初の目標に対するシステムの達成度を示していかなくてはなりません。そのことで社内的にシステムの有効性が認められ、EX 実現に向けた取り組みへの支援を得られるようになるのです。ステークホルダーとの関係の築き方は後述しますが、EX を高めるためには特に経営者のサポートはなくてはならないものです。

■UXデザイナー

　UX デザイナーは、PO に並ぶ、体制上重要なメンバーです。ジャーニーチームに所属しながら、EX を高めるためにスクラムチームとも連携が不可欠です。なぜなら、当初のユーザーインタビューやジャーニーマップの作成など、PO を支援し EX 実現のためのジャーニーマップのデザインを引き受けているからです。

　実際に業務調査に取り組んでいくと、一連の業務（体験）の流れの中でユーザーは、さまざまな感情を抱くことが分かります。同じ業務上の作業であっても、人により持つ感情は異なるかもしれません。4 章で述べたジャーニーOps によって本来のシステムの目的を達成できるよう、EX を具体化していきます。ジャーニーで描いた感情の動きを実現できる UI（User Interface：ユーザーインタフェース）の設計も担当します。

　このようにスクラムチームがより EX の高いシステムを構築するためには、UX デザイナーとの連携は欠かせません。

アジャイルエンジニアの役割は広い

　次に、ジャーニーチームからシステムの「プロダクトバックログ（開発アイテムを目標達成に向けての優先順に並べたもの）」を受け取り、実際にアジャイル開発に取り組むスクラムマスターとアジャイルエンジニアについて説明します。

■スクラムマスター

　「スクラムマスターはサーバント（奉仕者）型リーダー」ともいわれるように、アジャイルエンジニアを支援するのが役割です。個々のメンバーが開発作業に集中し、能力を発揮し切れるように支援します。アジャイルエンジニアの中には、アジャイル開発に不慣れなメンバーがいるかもしれません。

また、チーム内でメンバーがうまく意思疎通ができない場合があるかもしれません。これらの問題に対し、コミュニケーションのサポートなどを通じて、目標に向けてチームがうまく機能するよう方向づけていきます。

■アジャイルエンジニア

システム開発だけでなく、ユーザーへのインタビューや、システムの機能要件に深くかかわることが理想的な役割です。EX を高めようとすると、ユーザーである社員から、さまざまな意見を聞くことになります。そうした意見を取りまとめ、システムが正しい方向に向かうよう、PO、UX デザイナーと協力しシステム開発を進めていく必要があります。

従来型（ウォーターフォール型）のシステム開発者とアジャイルエンジニアを比較したのが**表 5-3** です。それぞれの役割は大きく異なります。

従来型システム開発者は、システム要件を確認し設計書に落とすのが主な役割です。実際のプログラミングについては、コード書く人、テストする人などと役割分担するケースも多く見られます。

これに対しアジャイルエンジニアは、UX デザイナーと協力し、インプットされた情報を元に自らシステム要件を考え、実際に動作するシステムをPO に提案しなければなりません。ユーザーの検証についても自ら進めてい

図表5-3 従来型システム開発者とアジャイルエンジニアの違い

従来型システム開発者	アジャイルエンジニア
設計、製作、テストは別々の体制で行う役割分割モデル	設計、製作、テストを同一人物、もしくは少数のチームで行う
設計者は、ユーザーからの要件を確認し画面等を設計し、開発メンバーに仕様書を引き継ぐ	自分で設計し、POやユーザーに提案、動くものを作成しレビューを行い、テスト後リリースへ
ウォーターフォール型では後工程への影響が大きいため、設計者の責任が大きい	自分で製作し、リリースまでもっていくので、アウトカムに責任を持ち提案を行うことが重要

く必要があります。その際の権限は、従来型システム開発者とは異なり、高い自由度が与えられます。価値を探索しなければならない状況においては、自律的に行動する開発者でなければ高い成果の達成は難しくなります。

開発した成果物の品質チーム（Quality Assurance：品質保証）への受け渡しとバグ対応、また本番環境へのリリース準備や運用チームへの引き渡しなど、機能単位に一気通貫で進めます。従来のシステム開発体制では、それら役割も分割されていました。アジャイル開発でも規模が大きくなれば、QAやリリース作業など専門性が必要な部分は役割を分けることはありますが、自らシステム開発全体にかかわることで主体性も高まると考えられます。

アジャイルなチームにはBTD人材が必要

主要メンバーの役割を、それぞれ説明してきましたが、改めてスクラムチームに求められる人材像について補足します。

従来型システム開発では、システム要件は開発チームの外から示されるため、システム要件に沿って正しく動作するシステムを構築するのが責任の範囲でした。一方でEXにかかわるスクラムチームでは、システムにかかわる業務全体を、ほぼすべてチーム内で達成しなくてはなりません。システムの成果も、いわゆるQCDを達成することではなく、EXの実現、さらには、その先のシステム投資目的であるDXやCX向上の達成です。

このようなシステム成果を実現するためには、「B（Business）・T（Technology）・D（Design）」で示される知識・スキルを保持する人材が必要です。

B（Business）：ビジネス面の知識・スキルです。一般的な戦略論や組織論のほか、当該事業の運営や業務に対する知見が必要です。システムのビジネス面をリードできる素養になります。

T（Technology）：システム開発に関する技術スキルです。個々の要素技術に関する知識だけでなく、アジャイル型の開発・運用環境に関する知識やスキルも必要になります。ここはウォーターフォール型開発者と被る部分もあります。

D（Design）：ジャーニーマップのデザインが主な役割で、個々の画面の UI の設計まで担当できるスキルが必要になります。単に使いやすい UI を設計するというよりも EX 全体にかかわる広い役割を担当できるスキルになります。

　スクラムチームには、BTD で示される知識・スキルを持つ人材が必要です。単純に、B は PO、T はエンジニア、D は UX デザイナーだと想像してしまいそうですが、各メンバーはマルチなスキルや経験を持つことが前提です。メンバー間の役割の壁を取り除き、互いのスキルや経験を最大限発揮できることがチームとして重要になります。

　もちろん、すべてで高い能力を持つ人材がいれば良いですが、そのような高望みはできません。できれば、1 つは専門性を持ち、もう 1 つは浅くても知識・スキルがあることが望まれます。

　ビジネスのことは分かるがあとは任せたというスタンスの PO は、せっかくデザインされたジャーニーマップを考慮せず開発の優先順を決めてしまうかもしれません。そのような状況では、個々人の考えていることがかみ合わず、チームは混乱に向かってしまいます。また技術を固辞するアジャイルエンジニアから良い提案が出るとは思えません。チームが求める成果は、あくまで EX であり、技術そのものではないからです。

　最初から広い知識・スキルを持つことは困難です。経験の差も大きいかもしれません。それだけにチームで助け合いながらメンバーを育てていくというスタンスが重要になります。

5-3 ｜ 自律的なチームは"地道な振り返り"で作りこむ

　5-2 節では、スクラムチームは自律的でなければならないこと、チームを構成するメンバーは BTD のいくつかの要素を持ち合わせていなければならないことを説明しました。

　その説明では、これまでのシステム開発者にとってはハードルが非常に高いように思われるかもしれません。チームの初期段階からパフォーマンスを発揮するケースもありますが、多くはそうではありません。チームが機能するようになるまでにはいくつかのステップがあります。

理想のチームは心理的安全性が高いチーム

　アジャイル開発において、BTD それぞれに優れた人材を集めればチームが機能し始めるわけではありません。自律的にチームを運営するためには、メンバー間で建設的な意見を言い合える心理的安全性が必要になります。つまり、自分の役割に限定せず、ときには他のメンバーの役割に踏み込んで意見を言えることが重要です。このことを「越境」という言葉で説明されることがあります。初期のチームビルディングにおいて、越境と、そのための心理的安全性はとても重要な要素になります。

　例えば問題あるチームとは、PO が絶対で、PO が出してきたビジネス要件にメンバーが何の意見も出せず取り組むような状況にあります。また、成果に対するプレッシャーが緩く、建設的に意見をぶつけられない状況、もしくは逆に、期日等に追われ反対意見を言うと間に合わないので発言しない状況も問題があります。いずれも、メンバーが目標に向けて自律的に動いている状態とはいえません。チームで達成すべき目的を確認しつつ、互いを信頼し、率直な意見を交換できるようになることが適切なチームだといえます。

　以前に同じチームで働いたことがあるメンバーならともかく、当初からリ

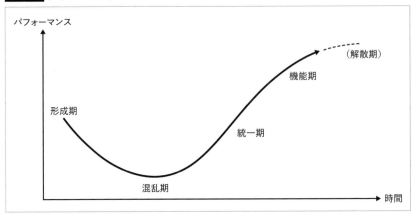

図表5-4 タックマンモデル

パフォーマンス

（解散期）

機能期

形成期

統一期

混乱期

時間

ラックスして意見を交換できることは少ないでしょう。初対面のメンバーが含まれているかもしれません。チームが機能する状態にまでに至るモデルとしては、組織の成熟度を示す「タックマンモデル」を意識することが重要です（**図表 5-4**）。

　タックマンモデルは組織の成熟度を、形成期、混乱期、統一期、機能期の4つに分類しています。その後、最終的にチームは解散に至ります。

　形成期は、メンバーが集まって互いの様子をうかがっている状態です。その後、チームのパフォーマンスが低迷する混乱期に入ります。互いのことがよくわかっていないだけでなく、目標や自分の役割が人によって認識が異なるところからチームに混乱や対立が生じるためです。その後、共通の目標やビジョンが持てるようになる統一期を経て、チームとしてメンバーが相互に協力しつつパフォーマンスを発揮する機能期に至ります。

　スクラムチームでは、できれば短期に機能期に達することが望まれます。機能期では、互いが意見を出し合える心理的安全性が達成できているだけで

なく、個々人もモチベーションが高く、さまざまなアイデアが生まれやすい状態になります。

　ただし、だからと言って、あせって機能期を目指すのも得策ではありません。下手をすると十分なコミュニケーションがなされず、混乱期を抜け出せない状態になってしまいます。

チームの心理的安全性を高める

　チームの心理的安全性を高めるのは簡単ではありません。何かを行えば心理的安全性が高まるというテクニカルなものではないからです。

　一方で、時間は要しますが、どのチームでも心理的安全性を高めることは可能だと考えます。そこでは、まずチームのコミュニケーションの量、その後にコミュニケーションの質が関係してきます。

　やはり、初対面のメンバーとのコミュニケーションは難しいでしょう。日々どういうことを意識しているか、また、これまでの仕事のバックグラウンドも異なります。自己紹介的なところから始めるのも良いかもしれませんが、自己紹介だけでは1日と会話が続きません。

　そこで、日々起こったこと、日々気づいたことでもよいので、小さくても情報発信ができる場を作ります。そこでは、強制にならないよう、自ら発信の機会を作り出すリーダーの役割が重要になります。例えば、日々の振り返りは情報発信のよい場になるでしょう。スクラムマスターは、チームメンバーの心理状態に気を配りつつ、自主的に発言できるよう安心感を持ってもらうことが重要になります。

　コミュニケーションの量が増えてくると互いが意見を言いやすくなります。そうなれば次はコミュニケーションの質を高めていく必要があります。実際、互いが考えている目標が異なると、意見の対立を解消できません。自らの認識や解釈を通じた発言が繰り返されると、混乱期を抜け出せなくなっ

てしまいます。そのような状態では役割の越境はまずできないと考えてよいでしょう。

コミュニケーションの質を高める手段としては、ジャーニーマップ等で示された目標を中心に置くのが良いと考えます。目指すところや価値観を共有し、開発するシステムで達成しようとしていることに関する意見交換から始めるのでも構いません。そこにインタビューの内容やユーザーからのフィードバックが集まれば、コミュニケーションの質は格段に向上します。

コミュニケーションの質を高めるには、事実をもとに会話していくこと、少数意見に対しても、きちんとその真意まで掘り下げ安易に切り捨ててしまわないことが重要なのは言うまでもありません。

---

column **オンライン環境におけるコミュニケーションの工夫**

昨今は仕事もオンラインで進めることが多くなってきました。対面で顔を合わせないとコミュニケーションの量の確保が難しくなります。そこではデジタルなツールの使い方にも一工夫が必要です。

当社の例ではチャットツールにおいて、グループのチャネルに個人単位で発信できるサブチャネルを設けています。一般的に、多くの人が見るチャネルへの投稿には心理的なハードルがあります。そのこともあり、ややクローズな個人単位の発信チャネルを設けることで、発信に対する安心感を持てるエリアを設けたのです。

もちろんサブチャネルなので、チームメンバーは閲覧できるのですが、半クローズな環境だと、発信のハードルが下がります。そこで慣れれば、チームの公開の場への発信も容易になるでしょう。

振り返りの習慣化も必要です。日々小さくても発信する場を作り、少しずつでも前に進んでいくことが重要です。

なおリーダーは、情報の透明性についても意識する必要があります。メンバーが発信できない理由の1つに、自分だけが情報を持っていないかもしれないという心理的ハードルがあることを理解する必要があります。チームメンバーが同じ情報レベルになるよう意識することがコミュニケーションの量・質を上げるために重要です。例えば、ステークホルダーの会話などをできるだけリアルタイムに共有していく必要があります。

このように、コミュニケーションの量と質の向上を通じて、心理的安全性が確保されてきます。工夫の余地はあっても時間がかかるものと考えてください。焦らず地道なコミュニケーションを繰り返し、気持ちの壁を下げていく必要があります。そして、役割の越境の壁が低くなれば、心理的安全性が確保されていると見てよいでしょう。個々人の自律性も確保でき、チームのパフォーマンスも最大限発揮できるようになります。

5-4 チームが正しい道を進むために ステークホルダーを味方につける

システム開発には、さまざまな利害関係者、つまりステークホルダーと付き合っていかねばなりません。経営層は特に重要なステークホルダーですし、システムのユーザー部門も重要なステークホルダーです。チームの成果を決めるのはスクラムチームではありません。必ず外部に評価者がいます。そのため、ステークホルダーとなる人物のバックサポートが、とても重要になります。

ステークホルダーマップを作ってみる

ステークホルダーとの関係を築くには最初に、誰が意思決定やプロジェクト推進上のキーマンになるかを調べると良いでしょう。投資の意思決定においては経営層、システムの価値を高めるためにはユーザー部門のキーマンを理解することが重要です。それを「ステークホルダーマップ」に記載します（**図表 5-5**）。

ステークホルダーマップには、個人の権限の種類、個人間の関係性、各人が負っているミッション、所属組織の課題などを書き出します。その際、ざっ

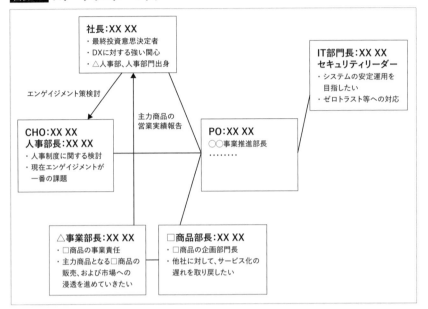

くりしたものではなく、個人レベルで解像度を高めることが望ましいです。
関係者の関心に沿って、意思決定をすすめられるだけでなく、プロジェクト
推進上、EXを高めるための支援を受けやすくなります。

　ただ、実際にステークホルダーマップを作っていくと、分からないことが多
数出てくると思います。そこでは関係者との地道な対話が大切です。社内リサー
チを進めることで、重要なステークホルダーをチーム内で共有できるようにし
ていきます。具体的に経営層、ユーザー部門についてみていきましょう。

経営層の理解から始める

　EXを高めるためには、組織構造や個々人の評価、人事的な制度にまでか

かわらなければならない場合があります。そのようなときに経営層とのかかわりは重要です。ポイントは、経営層をジャーニーチームに巻き込み、味方につけることです。そのうえで共通言語を作ることが重要です。

　経営層は、会社の仕組みに対して、さまざま決定権や影響力を持ちます。システム開発では投資予算や開発メンバーの確保が必要なだけに、経営層のサポートは不可欠です。オーナーになる経営層の力が大きいほど、取り組み自体の重要性も高まります。チームの影響力の輪が外に広がっていくイメージです。

　経営層を味方につけるのは簡単ではありません。経営層から課題が提示された場合でも、こちらから提案する場合でも同じです。具体的には、次の2つの難しさがあります。

　1つは、経営層が考えていることを経営者になった気持ちで考えられるかです。これまで経営にかかわったことがない場合、ハードルが少し高くなります。実際の経営は、教科書に書かれたような単純なものではありません。十分ではない情報や組織の力関係なども考慮しつつ、会社の舵取りを進めなければなりません。その中で、経営層が何を優先的に取り組まなければならないと考えているかを理解することが重要です。

　例えば、POが経営層と接点がない場合、経営者の気持ちを理解することはとても難しくなります。ただ全く手段がないわけではありません。年度もしくは中期の経営計画を入手し、その背景を考えれば理解できるところもあります。検討の指示があった場合は、その背景になる文書が示されることもあるでしょう。社内の発信やIR等の資料も参考になります。経営層の気持ちを理解するためには、これら資料の熟読が前提になります。

　もう1つは、コミュニケーションの機会が限られてしまうことです。経営者の気持ちを理解することと共通しますが、コミュニケーションを増やしたくても、その機会が得にくいということです。

　経営層がコミュニケーションを避けるということはほとんどなく、純粋に

時間的制約が大きいためです。特に社長に至っては本当に時間の確保が難しいかもしれません。その場合は、もう少しコミュニケーションの機会を得やすい、オーナー候補となる役員クラスに話を持ちかけるのも1つの方法かもしれません。おそらく、多くの経営層は社員からの提案の時間を捻出してくれるでしょう。

　短時間であっても提案の時間は確保できれば、提案内容だけでなく、こちらの意図を明確に伝えることが重要です。情報が多すぎても少なすぎても理解を妨げるため、明確なメッセージになるよう必要な情報に絞り込んで経営層に説明できるか、そして意見をもらえるかがポイントです。理解できていないところは率直に伝え、一度でコミュニケーションを終えるのではなく、次の提案の機会を得られるかが最初の目標です。

　繰り返しになりますが、経営層は説得する対象者ではありません。経営上の課題や目標を論拠となる共通基盤に置き、経営層が考えていることを理解していくことが重要です。そこからコミュニケーションが始まります。レベル感は違うようにも見えますが、目指すところの共通認識を形成する点では、開発メンバー同士の壁を取り払うプロセスとも共通します。

　最終的には、コミュニケーションを通じて、方向性、例えばジャーニーマップが目指すものについて互いの意図が共有されている状態、つまり共通言語化された状態を目指します。

ユーザー部門を味方につける

　ユーザー部門と協力関係を築くのも苦労するケースが多いと思います。経営層と同じく、ユーザー部門の理解を得ることから始める必要がありますが、現場は、さまざまな課題を抱えており優先度の設定が難しくなります。

　ユーザー部門の賛同を得るには、少なくとも2人の賛同を得る必要があります。1人はユーザー部門の責任者です。経営層と被るかもしれません。

賛同を得るためのプロセスは、会社を事業部門と置き換え、経営層へのアプローチと同様に実施します。

　賛同を得たいもう 1 人は現場のキーマンです。システムの成果を一番享受するのが誰かが分かれば、キーマンのいる部署が特定できます。すべての部署とは言い切れませんが、部署の中には何らかの方法で仕事を改善したいと考えている人が必ずいるものです。そういう人をジャーニーチームに取り込めるかどうかがとても重要です。

　キーマンを巻き込むには、プロジェクトの開始前に想定されるキーマンへのインタビューや対話が効果的です。キーマンがやりたいと思っていることのすり合わせも含めて実施できれば、もしかすれば実質的な PO または PO を補佐する役割を担ってくれるかもしれません。

　キーマンとは継続的な接点を持つことがとても重要です。経営層への提案を協力して進める必要がありまし、提案の説得力を増すためには現場で働く人の意見が不可欠だからです。さらにプロジェクトの進行においては、現場でのユーザーへのインタビューや機能のレビューを通じてスクラムチームは成果を高めなければならないという理由もあります。

　言い換えると EX を高める対象は、まさに現場でシステムを利用するユーザーだということです。実際、スクラムチームから提案を持ちかける場合もあれば、ユーザー部門から協力を求められる場合もあるでしょう。

　ただしキーマンは忙しいことが多いはずです。深くかかわってほしいが時間を作るのが難しい場合が多いでしょう。その場合、取り組みに対するユーザー部門の責任者との合意形成と、作業ではなく意思決定上で責任を持ってほしい役割について認識してもらうことが重要です。いずれにしろ、PO とキーマンとの信頼関係ができあがっていることが、プロジェクトをスタートさせる前提になります。

スクラムチームの影響力の輪を広げる

　経営層やユーザー部門、そしてキーマンとの協力関係を形作ることは、ウォーターフォール型のシステム開発でも言われてきました。それでも少なからず、システムを作る人、システムを使う人（もしくは要望を言う人）という役割分担でプロジェクトを進めてきたように思います。それでは EX の高いシステムは作れません。

　アジャイル型開発が、これまでと大きく違うのは、経営層、ユーザー部門、スクラムチームの三者が協力関係を作ることにあります。方法としては開発メンバー内での取り組み同様に、適切なコミュニケーションをとることです。理想論のようにも見えますが、目標を共有して進めることが第一です。

　共通認識なしに進めると、柔軟なアジャイル開発であるがゆえに、目標がふらつき、逆に悪い方向に向かってしまうリスクもあります。共通の目標があったとしても、信頼関係なしに、それとなくプロジェクトがスタートしてしまうと、やらされ感のあるプロジェクトになり、うまくいかないと考えてもよいでしょう。

　経営層、ユーザー部門、そしてキーマンの協力関係を形作ることは、従来型システム開発と同じではないかと思われるかもしれません。しかし、スクラムチームの影響力や成果は格段に異なります。不確実であるがゆえに、スクラムチームの影響力の輪が広がることで、アジャイル開発の威力が高まると考えられます。

5-5 | 複数企業間連携型チームの問題点と可能性

　最後にパートナーとなる外部企業の開発メンバーについても触れたいと思います。

パートナー企業もチームの一員である

　システム開発の内製化が進んでいるといっても、まだまだ開発メンバーを社内要員だけで賄うのは難しい企業が多いと思います。事業会社でもそうですし、システムインテグレーションをビジネスとしている企業も同じです。そこではパートナー企業の協力が必要になります。

　パートナー企業との間には必ず契約が存在します。従来からの代表的な契約形態に、業務成果に対して費用を支払う請負契約があります。ですがアジャイル開発では、成果の定義が難しいこともあり、請負契約は難しい面があります。そのため、もう1つの委任契約に近い形が一般的になると考えます。

　外部の開発メンバーが自律的に動けない問題の根源には、請負という契約形態が大きく影響します。それだけにアジャイル開発を進める場合は、委任型で取り組みたいところです。ただ、契約を委任型に切り替えればうまくいくというわけではありません。パートナー企業からの開発メンバーが、どこまでスクラムチームと一体になって活動できるかにかかってくるからです。

　スキルが問題になることもありますが、請負型開発に携わってきた開発者にとっては、開発するシステムの要件は誰かが言ってくれるものというマインドセットが問題になることのほうが多いようです。外部から来たメンバーは、他の開発メンバーに遠慮しがちで、なかなかチームが一体になって機能することが難しいという面もあります。

　基本的な考え方は5-3節に示したチームの形成プロセスと同じですが、プラスの配慮が必要かもしれません。チーム内での発言を少し多くするなどし

て心理的安全性を高める必要があるでしょう。

パートナーの経営者を巻き込む

　パートナーとの協力体制を確立するには、パートナー企業のトップ層との関係づくりも重要です。パートナーが何を価値と思うかを理解し、プロジェクトの意義を共有する必要があります。なぜならパートナー企業の経営者は、単に人を派遣しているだけだと思っているケースがあるからです。

　そのような状態では、参加した開発メンバーがチームに協力したくても、役割の壁を越えられず板挟みになってしまいかねません。やっと実力を発揮できるようになってきた段階でメンバー交代の打診があったりすると、せっかくチームに溶け込んだところでリセットがかかり、チーム運営側も苦労が絶えません。

　契約が進む段階で、パートナー企業の経営層とPOがミーティングを持つなど、トップから参画メンバーが動きやすいように環境を整えていく必要があります。パートナー企業の経営者が長期的にプロジェクトへ参画することは、メンバーにとっても安心感につながります。

EXを実現する
システム構築の実際

皆さんが日常的に利用しているスマートフォン向けアプリケーションで、もし使い勝手が悪くストレスを感じるようなら、それを削除し代替アプリを探して使うことになるでしょう。

　これに対し、一般には「エンタープライズシステム」や「基幹システム」と呼ばれる社内システムは、ユーザー自らの意思とは関係なく"使い勝手が悪くても使わないという選択肢がない"システムです。さらに、そのシステムを利用して業務を推進し、企業の競争力や事業運営の効率に直結させなければなりません。

　それほどエンタープライズシステム自体の重要性が高いにもかかわらず、これまでEX（Employee Experience：従業員体験）の向上がなされてこなかった理由は、5章までに述べた通りです。本章では、EXを高めるためのシステム構築の進め方について説明します。

6-1 | プロダクトライフサイクルから見た エンタープライズシステム

　システムにはライフサイクルがあります。具体的には、会社の課題に対しシステムを企画し、構築し、実際に業務で使うことになります。その後、システムを実現しているサービスが終了する「EOSL（End Of Service Life）」などを理由に、新たなシステムに置き換えられるか廃棄されます。

　4章で説明したジャーニーopsに基づきEXの高いシステムを構築する場合、上述したような従来の「構築 → 利用 → 廃棄」という単純なライフサイクルでは説明が難しいところがあります。以下では、システムがもたらす「価値の高さ」と「利用範囲」から、EXが高いシステムのライフサイクルを考えてみます。まずアナロジーとして、一般的な製品／サービスのライフサイクルである「プロダクトライフサイクル」を見てみましょう。

プロダクトライフサイクルとは

　プロダクトライフサイクルとは、製品やサービスが市場に導入されてから衰退するまでの段階を、（1）導入期、（2）成長期、（3）成熟期、（4）衰退期と体系的にまとめたフレームワークです（**図6-1**）。対消費者向け製品／サービスの戦略を説明する際によく使われますが、企業向けの製品／サービスにも適応が可能です。

　一般的なプロダクトライフサイクルにおける（1）導入期、（2）成長期、（3）成熟期、（4）衰退期の各段階には次のような特徴があります。

図表6-1 製品・サービスのプロダクトライフサイクル

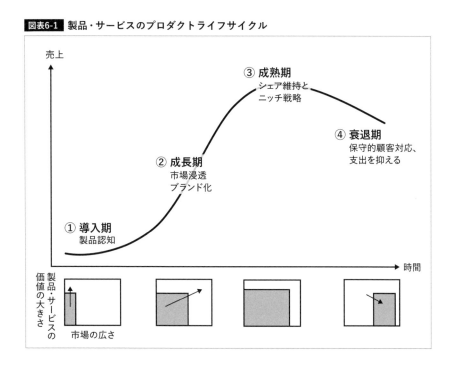

導入期＝製品／サービスを市場に投入する段階：利用者が限定されるため需要も小さく売り上げも大きくありません。市場の先行者においては、製品／サービスの開発費がかかるだけでなく、顧客への認知を高め市場を拡大することが最優先課題になるため、広告宣伝費等にも大きな費用がかかります。特定の顧客には価値が認められますが、利益はほとんど出ません。

成長期＝市場が急拡大する段階：顧客に製品／サービスが認知され、売上高と利益が拡大すると同時に、競合企業の数も増加してきます。製品／サービスのシェアを広げようとすると、顧客ニーズも多様化することから、機能やデザインの改良、差別化戦略を重視して自社製品のブランド力を高めるなど市場に浸透させることが重要な戦略になります。

成熟期＝市場の成長が鈍化していく段階：製品／サービスが、ある程度市場に普及すると、売上高・利益ともに頭打ちとなります。上位企業にとってはコスト優位性を活かしシェアを維持することが重要な課題になります。下位企業にとっては生き残りをかけ、特定ターゲットを狙ったニッチ戦略が重要になります。

衰退期＝市場が徐々に減少する段階：引き続き、競争が続きますが、売上高も利益も減少する段階です。投資を抑えて効率性を高めながら、既存顧客を維持することが重要な課題になります。ブランドの残存価値を他の製品に活用したり、他社の新カテゴリの製品／サービスの出現を受け、自社製品／サービスの撤退時期を判断したりすることも重要になります。

　このようにプロダクトライフサイクルは、市場の大きさや、製品／サービスがもたらす価値だけでなく、競争環境や新たな製品・サービスの出現にも影響を受けます。これをエンタープライズシステムに置き換えたのが**図 6-2**

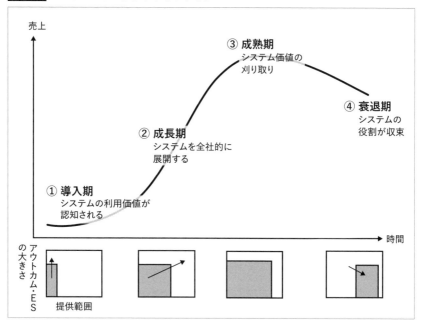

図表6-2 システムのプロダクトライフサイクル

です。なお本書では、アウトカムの大きさと EX が重要な概念ですが、ここでは「価値」と一言で表現します。

　システムのプロダクトライフサイクルには、次のような特徴があります。

導入期＝システムの利用価値が認められる段階：利用者だけでなく、システム機能も限定することで、システムを小さく開発し、システムの利用価値を検証・実感する段階です。利用者は特定部署に限られますが、EX の実現を含め、システムの利用価値が経営層を含めた社内から認められた段階です。

成長期＝システムを全社的に展開する段階：広く全社的にシステムを展開し

ていく段階です。社内エバンジェリストなどが認知度を高め、関係部門を増やしていきます。部署によっては異なる課題やニーズがあると考えられるため、それらの課題に答えつつ、システムの利用範囲と価値を最大化していきます。

成熟期＝システム価値の刈り取り段階：当初狙ったシステムの価値が全社的に発揮されている段階です。一方で事業環境の変化や取引先顧客からの新たなニーズ、さらには制度などの変更が生じます。現行システムの資産を活かしながら、小さな変化に対するニーズにも最大限対応していきます。

衰退期＝システムの役割が収束する段階：自社の戦略や制度の変化により、アウトカムや EX のとらえ方を変える必要がある段階です。新たな技術の出現により EX を高められる、より良い方法が見つかるかもしれません。現行システムはライフサイクルを終え、新たなシステムに移行していくことになります。

---

column 　社内システムにおける PSF、PMF

　一般消費者を対象にした市場向けプロダクトの開発現場では、「PSF（Problem Solution Fit）」「PMF（Product Market Fit）」という言葉がよく使われます。それぞれで「Solution」「Product」という言葉を「社内向けシステム」に、「Market」を「社員」に置き換えれば、エンタープライズシステムにも使える概念です。

　PSF は、顧客となるユーザー（4 章で述べたペルソナに相当）の課題に対し、サービスが提供する解決策がフィットしているかどうかを指します。PMF は、そのサービスが市場に受け入れられるか、ターゲット顧客にフィットしているかどうかを指しています。

　エンタープライズシステムに置き換えれば、PSF は導入期に相当します。社内システムがユーザーに活用されるか、狙った効果が得られるかを早期に検証・実感することで、投資対効果の最大化を図ります。一方の PMF は成長期に相当します。社内の複数部署で利用され、部門ごとの多様なニーズに対応していく段階です。

　社内の会議などで PSF、PMF という言葉を使うと誤解を生んでしまう場合もありますが、課題対応力と適用範囲の大きさという意味では同じ文脈で語れるのです。

システムのライフサイクルは、このように4段階を踏みますが、これまでのウォーターフォール型のシステム構築では、稼働直後から関係部署で広く使われるため、導入期がなく、いきなり成長期や成熟期が訪れるようなものです。ジャーニーマップがデザインされていても、本当にEXが高められるのか、またアウトカムを測る指標であるKPI（Key Performance Indicator：重要業績評価指標）を達成できるのかは検証が必要です。

　EXのように、従業員の体験を重視する場合、いきなり全社的に展開するのではなく、実際に課題を強く感じている部署で検証する必要があります。だからこそ、5章で説明したアジャイル型のシステム開発が必要になります。中でも導入期を置き、システムがもたらす価値を確認することが重要です。

　以下では、プロダクトライフサイクルの各段階において実務上迷ってしまうポイントを中心に説明していきます。

6-2 導入期：ジャーニーを押さえて EXの高いMVPをつくる

　EXの高いシステムを構築するためにはまず、導入期に、社内の利用者が少数であっても、システムの利用価値が認められる状態に到達しなければなりません。

導入期のシステムの状態

　導入期のシステムのゴールは、4章で説明したジャーニーマップに沿って、アウトカムを高めるために必要最低限の機能に絞り、実際に使ってもらって価値を実感できるところまでの実装です。そうしたシステムは「MVP（Minimum Viable Product：ユーザー価値を検証することで有用性を実感できる最小単位のプロダクト、もしくはシステム）」とも呼ばれます。

ここでは、想定している課題が実際に実務として解決できるだけでなく、その効果についても測れる状態まで実装します。いきなり大きな投資をするのではなく、次の成長期に向けて進んでよいかどうかの意思決定にもつなげる必要があるからです。

　意思決定に関連して導入期のシステムで重要なポイントになるのが、経営層にシステムの価値、具体的には、EX とビジネス上のアウトカムについて有用性を実感してもらうことです。既にジャーニーマップを作成した段階で、今後の方向性については共有できているはずですが、これを一歩進め、ユーザー同様に経営層も実感できることで、今後の投資を伴う成長期の展開を進められるようになります。具体的には、KPI の推移やユーザーの生の声が重要です。

---

column　プロトタイプと MVP は同じか？

　MVP（Minimum Viable Product：ユーザー価値を検証することで有用性を実感できる最小単位のプロダクト、もしくはシステム）は、プロトタイプとは異なります。機能は不十分ながら次のステップに向けて学びを得るための手段であることは共通です。ですが MVP を製作する意味合いは、ウォーターフォール型開発において、いきなり画面などの仕様を設計段階で決定する手法と大きく異なっています。

　MVP とプロトタイプの一番の違いは、実際に使うことを想定しているか、いないかです。一般にプロトタイプは、検証に目的を限定したシステムです。つまりプロトタイプは、MVP に至る通過点と言えるでしょう。

　例えば、仮でセットアップされた業務パッケージや、画面作成ツールなどで作成した画面モックアップなどは、MVP を実装する前の検証のためのプロトタイプに位置づけられます。ただし、プロトタイプの段階に留まっては、導入期においては十分とは言えません。導入期では、実際に業務として使ってもらい、ユーザーからフィードバックを得られる状態にまで到達することが大事だからです。ユーザーに有用性を実感してもらったうえで、システムの機能を繰り返し開発するだけでなく、EX の改善を進めていくことになります。

　言い換えると、プロトタイプが、実装段階に進めるかどうかの検証ステップだとすれば、MVP は、これから全社に展開するためのステップになります。

一般的なスクラム開発では、ジャーニーマップをもとに、ユーザーストーリーボードを作成し、そこからプロダクトバックログ（システムとして開発する機能群）を洗い出します。

　MVPを作る際は、プロダクトバックログの中から初期リリース対象として、どの機能を実装し、どの機能を残すかを決めなければなりません。価値を生まない、もしくは有用性が不透明な要件を最初から実装してしまうと無駄が多いからです。たとえ費用や開発者数に十分な余裕があったとしても、低い優先度の機能は実装しないほうが良いでしょう。優先度の低い要件を混ぜてしまうと、早く価値を実現するというアジャイル開発の発想に矛盾することになり、本来達成したいことに集中できなくなります。

　本書では残す機能、つまり先送りした要件（システム機能面、業務運用面ともに）を「負債」と呼びます。

導入期（MVP）に実装すべき要件

　優先順位の濃淡のつけ方が大切です。それこそがPO（Product Owner）が担うマネジメントの妙になります。特に、エンタープライズシステムでは、従業員のジャーニーと業務成立性のどちらを優先するかという難しい二者択一に悩まされることになります。

　もちろん、従業員のEXを高め、アウトカムの向上を優先すべきではありますが、一方で、業務の成立に必要な機能を全く実装しないということも考えにくいです。あくまでバランスをどう取っていくかです。いくつかのポイントを説明します。

ポイント1 ジャーニーマップを第一優先とし、一連の体験で考える

　今、構築しようとしているシステムの目的はジャーニーマップの実現です。

であれば、ジャーニーマップを第1の判断軸に置くべきです。

　ただし、個々のプロダクトバックログをバラバラに評価してはいけません。従業員の体験は一連のプロセスに沿って現れるものだからです。一連の体験を単位として評価することが重要になります。

　例えば、営業担当者が実施する受注登録業務において、登録ミスを起こさないよう営業担当者自身が注意しなければならないのであれば、その作業自体は楽しいものとは言えません。その受注登録は EX を下げるものとして優先度が下がるかもしれません。ですが受注登録は、顧客に商品やサービスを提供するためには業務上なくてはならない作業です。

　この場合、受注登録後に、納品時の顧客訪問タイミング、売り上げ目標に対する進捗なども確認できれば、いつ顧客に喜んでもらえるのかや、自身の目標達成度が分かりモチベーションを高めることもできます。

　このように、受注登録だけを取り出すと優先度が低く設定されるかもしれませんが、一連の体験とみれば、EX におけるモチベーション醸成として重要性が高い業務だと分かります。もちろん同時に、受注登録手続きの煩わしさを低減できる UX（User Experience：顧客体験）／ UI（User Interface：ユーザーインタフェース）の設計も必要です。

　ただし、体験の範囲を大きく取りすぎると、すべての機能を実装しなくてはならなくなるため注意が必要です。おそらく「それは難しい」と思われる読者が多いと思いますが、半分ぐらいの機能しか実装しないつもりで体験を選択し、次の開発に回してみるという選択肢もあります。

ポイント2　フィードバックを学びにつなげる

　ジャーニーマップも MVP も1つのコミュニケーションツールだと考えます。EX を高めるためには、ユーザーからのフィードバックをうまく得ることが重要です。アジャイル開発手法のスクラムで言えばユーザーテストに当

たります。

　たまに、評価はアンケートで取ろうという意見を聞くことがあるのですが、システムの場合、直接会話するほうが学びが多いです。評価されるポイント、逆に評価されないポイント、そして、それはなぜかを深掘ることができるからです。うまく操作できない機能などは、直接会話するほうが得られる情報は多くなります。

　現場でやってみると、実際できると思っていたことが意図通りに進まなかったなど、非言語的な情報を含めて多くの発見があります。それらに答えることで、リリース後に使い方が分からず問い合わせが殺到するといったことも避けられます。

ポイント3　ジャーニーマップ以外の機能はWhyで必要性を追求する

　ジャーニーマップには記載されていないが必要な機能もあるでしょう。セキュリティやシステム運用機能などです。これらは、これまでも実装してきたからという理由で深く考えずに実装を決めてしまうケースがあります。しかし、なぜその機能が必要なのか、今必要なのかを一度振り返ってみるとよいでしょう。

　例えば、社員の業務実績を入力する機能であれば、一般的には上司以外からデータが見えないようにアクセスを制御しているケースが多いのではないでしょうか？　保守的に考えれば、アクセスを制御したほうが、他の従業員に見えることによるリスクが少ないように思えるからでしょう。

　それでも、なぜアクセスを制御しているのか、制御しなくなると何が問題かを一度立ち止まって考えてみることをお薦めします。このようなシステム要件が、オープンなコミュニケーションを志向しながら組織の透明性を高められないといった、組織風土上の阻害要因になっている場合もあるためです。多面的に物事を考えると、業務実績は部門を超えた社員間のコミュケーションのきっ

かけになる情報であるため、アクセス制御は極力避けるという選択になります。

ポイント4 システム基盤や運用面の品質はどこまで作りこむか

　導入期において、ジャーニーチームとスクラムチームは、アジリティ（俊敏さ）がチームの評価軸の1つになります。アウトカムを最大化するためには、ジャーニーだけでなく、システム開発自体も変化対応の速さが必要になります。そのためには、システム開発とシステム運用の両面から、先々の成長期を考慮した対応（準備）をしておかなければなりません。スプリントを繰り返し回すことでEXやアウトカムを高めていくには、導入期からアジリティに耐えられる基盤の整備が必要です。

　具体的には7章で説明しますが、「ゴールから逆算したアーキテクチャー」が生命線です。例えば、当社が取り組んだ案件でも、自動テストなどの実装を後回しにしたため成長期のスピードに耐え切れず、アーキテクチャーの見直しを含め開発基盤の再整備が必要になり、大きなコストが発生してしまった例があります。システム基盤については、変化への対応力を大前提に、思い切ってウォーターフォール型開発で作り切ってしまうことが有効かもしれません。

　EXを優先するのであれば、システム運用面の機能は後回しでもよいと考えられます。一時的に専属の運用担当者を置いたり、業務自動化ツールのRPA（Robotic Process Automation）を使用したりと簡易的な手段で解決してしまうのも一案です。

　ただし、導入期においては特に、ユーザーサポートを考慮しておく必要があります。初期のユーザーには、システムのファンになってもらう必要があるからです。導入期のシステムは決して完璧ではないため、問い合わせ対応なども重要なユーザー体験の一部になります。問い合わせや障害に即座に対応できる仕組みは構築しておくべきです。

最後に、重要な KPI は測定できるようにすべきです。KPI なしに EX やビジネスのアウトカムの成長、もしくは停滞の過程は確認できません。例えば A ／ B テストのように、KPI を用いて UX ／ UI を比較するのも一手です。ユーザーのフィードバックと KPI の推移なくしてシステムの改善はできません。

導入期のメンバーの状態（選定とチーム運営）

　導入期は個人のスキルに依存する部分が多いため、理想的には少数精鋭が望ましいところです。量より質でアジリティをもって価値を高めていくことに専念したいところです。現実的には、精鋭ばかりを集めるのは難しく、先々精鋭になると期待されるメンバーを含めてチームを組むことになります。

　PO については、社内で課題に対する問題意識の高い方が担当することになるでしょう。ただし PO は、UX やシステム構築に関する基礎的知識や経験が全くないと、システムにかかわる部分の判断力が伴わないため、スクラムチームに混乱を招くケースも出てきます。

　もちろん専門家である必要はありませんが、スクラムベースのシステム構築が初めての場合は、サポーター（PO コーチ）をつけることを推奨します。UX デザイナーについても同様に、スキル・経験のある方が望ましいです。スピードを重視するために、経験の少ない場合は、同じくサポーターをつけることが望まれます。

　アジャイルエンジニアにおいてもスキル・経験のある方が望ましいですが、メンバー内に数人、スキル・経験のあるメンバーがいればチームとして機能するでしょう。スキル・経験のあるメンバーが、他のメンバーをサポートする形で進めます。スキル・経験のあるメンバーがスクラムマスターになればチームの安心感にもつながります。

　導入期はゼロからものを作り出すため、PO と UX デザイナー、およびスクラムマスターには、ある程度の経験が求められます。PO 以外のメンバー

は外部のパートナーと組むこともできますが、全ライフサイクルの中で、一番不確実性が高く、最もアジリティが求められる段階であるだけに、チームの「能力」と「一体感」が成果に直結します。

　導入期のチームメンバーの特徴として、判断を下す際にある程度、仮説をもって取り組む姿勢が求められます。導入期は、そうした世界観を持つ人材が楽しめる段階だともいえます。

6-3 ｜ 成長期：影響範囲を広げてEXを拡大させる

　導入期で、システムに対するEXやアウトカムの有用性が認められると、システムの完成度を高めて全社に展開していくことになります。投資も含めた経営的な判断を下し、開発メンバーも増強して取り組みます。

成長期のシステムの状態

　成長期は、特定組織から部門全体に、また全社の関連部署に展開していく段階です。当初想定していたシステムの全体像が大まかに完成する状態になり、システムのユーザー数も一気に増えることになります。導入期は「産み」の苦労がありますが、成長期では「育て」の苦労を克服していかなくてはなりません。システムを育てるためには3つのポイントがあります。

ポイント1 展開部門で価値を後押しするエバンジェリストを増やす

　成長期になるとまず、導入期に先送りしたバックログ（先々の負債としたもの）をこなしていく、もしくは展開部署に要件を確認していくと考えてしまいがちです。ですが、まず取り組まなければならないのは、システムの価

値を伝えることからです。いくら価値があるからといっても、伝え、共感を得られなければ、うまく進みません。展開部署でユーザーの共感が低いと、機能実装に関する判断軸がぶれやすく、些末な議論に終始してしまうためです。

ただし、特に初対面の場合はそうなのですが、一方的に伝えても、なかなか腹落ちした形で伝わるものではありません。導入期のチームは少数精鋭のメンバーのため、複数部署に展開しようとするとマンパワーの問題が出てきます。展開部署でも、自分事として考えシステム展開を後押ししてくれる部署代表となるユーザーを巻き込むことが重要です。

ただし、代表ユーザーの巻き込みをトップダウンで人出し的に進めると、やらされ仕事になってしまいます。まずは賛同者を作り、展開するのが効果的です。もちろん、初めての部署なら、部門の責任者に状況を説明し課題に共感いただけそうな候補者を挙げてもらうのもありでしょう。部署展開時には、組織の公式ルートを通したほうが、本人の動きやすさにつながるだけに、必要なことかと思います。

代表ユーザーが決まれば、検討の背景や目指すところ、ジャーニーマップの共有から始めます。そのうえで、代表ユーザーが賛同者になり、先々はエバンジェリスト（伝道師）になってもらうことが大切です。賛同者が得られた段階で、展開部門における EX を設計していくのが望ましいです。

ポイント2 機能面の拡充をどう進めるか

多くの利用者にシステムを利用してもらうためには、ある程度の完成度と品質が必要になります。導入期に先送りした「負債」も解消していきます。当初のスクラムチーム以外にも開発メンバーを増やしていくことになりますが、2つの点を考慮する必要があります。

（1）**部署間に差異があることを理解する**：組織の役割や事業の狙いが違うことから、ジャーニーマップやアウトカムに差異が出るのは当然です。旧来は「標準化」という名のもとに、コスト重視で部署間の差異を考慮せずに展開することが多かったかもしれません。確かに、人が機械のように手続きを実行するのであれば、それでも良いのですが、そのような標準化は EX を下げる要因にもなってしまいます。展開先部署の社員が自分事としてシステムをとらえられなくなってしまいます。

展開部署とシステムのマッチングが良くない場合、展開部署のユーザーが自分たちの都合に合わせてシステムを使いだすことがあります。例えば、生産オーダーをロット単位で入力するか、その日の生産計画で入力するかなどです。個々の原価の正確な把握が、その後に原価企画で重要になるなら前者の生産オーダー単位の入力で進めるべきでしょう。本来の目的が伝わらず、ある部署にとっての目的達成のための使い勝手が改善されないと、趣旨とは異なる使われ方の原因になります。その場合は、ユーザーの実際の利用状況を可視化すれば、問題のある箇所を確認できます。

もちろん、すべての要望を実現することは難しいでしょう。ですので、システムが目指す価値を判断軸に、ジャーニーマップ上の差異を受け入れるかどうかを決めていくことになります。部署ごとの機能の差は、従業員が価値を生み出すための体験、また展開部門のアウトカムへの影響を考慮しつつ決めていくべきでしょう。

（2）**ジャーニーマップに共感しない従業員がいる**：共感が得られないのは、導入期にペルソナを設定する段階において、価値を感じるユーザーを絞ったことが理由の 1 つになります。実際には時間をかけて誠実に対応するしかないのですが、多くはコミュニケーション上の問題の場合が多いようです。例えば、目的に対する認識の違いや持っている情報のギャップ、また論点のずれといった理由です。どこまでが合意点で、差を生む原因は何かを確認し

ていく必要があります。その先には新たな発見があるという姿勢でコミュニケーションを図れば、何らかの気づきを得られるでしょう。

［ポイント3］ システム基盤とサービスレベルの向上

　基本的に導入期の基盤（DevOps＝開発と運用が融合した環境）の拡張で対応できることが望ましいです。ただ利用者が増え、動作が遅い、バグが潜んでいる等の問題が発生するとアンチファンが増えることになります。その意味で、アジリティを伴うシステム開発下でシステムのサービスレベルを高められる「SRE（Site Reliability Engineering）」の役割が今後、求められていくでしょう。

成長期のチームの状態

　導入期は少数精鋭メンバーで進めますが、成長期は大所帯のチームになっていきます。スクラムチームが複数になるだけでなく、品質管理チームやシステム運用チームも加わってきます。

　そうなると、これまでドキュメントも最低限でよかったものが、ある程度、整備しなければなりません。初期メンバーが、別チームへの説明に忙殺されないようにする必要があるからです。効率面だけでなく、初期メンバーのモチベーションにもかかわります。

　メンバーの中には経験値が浅いエンジニアも含まれるようになります。その場合、「オンボーディング（新たに加わったメンバーが早期に成果が出るようにするための取り組み）」の実施が大切になります。整備されたドキュメントによる説明や並走期間を設けるのです。同じミーティングに参加したり、キーマンとのコミュニケーションを取ってもらったり、またペアプログラミングなども有効かもしれません。5章で説明したように、新しいメンバー

の心理的安全性を高め、早くチームとして機能するように進めていきます。

　逆に、導入期のメンバーの交代も考えておいたほうが良くなります。成長期の始めは、やはり継続してコアになるメンバーがいたほうが安心です。ですが徐々に手続き的な業務が増えてくると、飽きてくるメンバーも出てきます。これは、スキル以前に、本人の気質によるとこともあるだけに、POやスクラムマスターは、メンバーのモチベーションを気にかけつつ、メンバーの入れ替えも考慮することが大切です。

6-4 | 成熟期：プロダクトの価値を 継続的に伝え走り続ける

　必要な部署への展開もほぼ決着し、システムの価値が最大となる期です。システムの有用性が低減しないよう、継続的に改善していくことになります。

成熟期のシステムの状態

　複数部署にシステムが展開され、利用者も多くなるため、業務上なくてはならないシステムになってきます。法制度やセキュリティにも、しっかりと対応するだけでなく、多くの場合、止められないシステムになります。機能面だけでなく、データの品質にも高いものが求められます。

　同時に成熟期のシステムの特徴として、自分の仕組みで価値を高めるだけでなく、他のシステムと相互に連携することで、システムの価値を高めていくことになります。例えば人事システムなら、採用管理システムと人事管理システムなどのデータがスムーズにつながることで価値が高まります。

　成熟期のポイントとして2つを紹介します。

ポイント1 システムの価値を継続させる

　まず、すべてのユーザーにとって「優しく・普通に」利用できる状態を目指します。例えば、新入社員やキャリア採用者であっても迷わず使えるなどです。「誰でも」使えるような動線の整備や、使い方を知らなくても業務ステップごとに利用できる仕組みを作ります。少数のメンバーしか使わない機能にも目を配る必要があります。アクセシビリティ（さまざまな人にとっての目的の達成や情報への接近のしやすさ）への対応や多言語対応などが、その一つです。

　そのためには、ユーザーが間違いなくシステムやデータを利用できるよう、FAQ（良くある質問と答）の整備や操作手順の動画作成を進めるだけでなく、定期的な情報発信などユーザーサポートについても成熟化していく必要があります。

　システムの利用状況なども定期的に分析する必要があります。形骸化した運用により、報告が目的化した利用状況レポートが作成されることがありますが、とても無駄な作業です。運用の KPI について長期的なトレンドを追いかけつつ、システムの価値が維持されているかチーム内でディカッションしていくべきでしょう。

　価値の最大化を維持するために、思い切ってリ・デザインするという手もあります。リ・デザインは UI の改善で対応できるものもありますが、EXをより高めるためには、展開部署が実際のシステム利用を通じて学んできたことを加味し、ジャーニーマップが陳腐化しないよう再定義し、それをシステムに反映することが考えられます。

　もちろん成熟期は、投資回収フェーズでもあるため、大きなコストはかけられません。拡張性の高いアーキテクチャーや、アジャイルな開発手法を採用した結果として、成熟期においても開発のベロシティ（開発の速度と量）を維持することでスクラムチームがうまく貢献できるようになります。

さらに、低コストで、より良いゴールに向かためには、ポイント2に挙げるシステムのレガシー化対策が有効になります。

ポイント2 システムをレガシー化させない

　システムの価値を維持するためには、低コストでの開発を維持する必要があります。それには、システムのレガシー化（複雑化、ブラックボックス化、技術的な陳腐化）の低減が不可欠です。システムを複数部署に展開したり、他システムと複数つながったりするとシステム自体の複雑化は避けられません。

　対策としては、定期的にリファクタリング（プログラムの内部構造の整理）などを実施することでシステム自体の陳腐化を防ぐことが重要です。おそらく成熟期の開発メンバーは、初期メンバーとは大きく入れ替わっているでしょう。アーキテクチャーや個々の機能要件の背景にある思想が共有されない場合も増えてきます。ドキュメントを作成・整理すればよいというのではなく、定期的なリファクタリングにより、メンバーがシステム自体を学習することでブラックボックス化を回避するのです。

　関連して、データ自体の品質確保も重要です。レガシー化したシステムには、不明なデータ項目が遺産として残っていたりします。システムの価値は、データに依存する部分が大きいだけに、リファクタリングの際は、データの定義にも配慮することが重要になります。

　いずれも地道な活動ですが、システムの価値を維持するためには避けて通れない取り組みです。

成熟期のチームの状態

　成熟期のチーム編成において最も重要なのは、メンバーの入れ替えです。

ずっと同じメンバーが仕事に就くのは、管理者からすると楽ではあるものの、本人の経験の幅を狭めることになりキャリア上好ましくありません。スキルのあるメンバーを他の案件へアサインすることが難しくなり機会損失にもなります。

　それだけに成熟期のチームでは、メンバーをスムーズに入れ替えられるように対策を施すことが大切です。例えば、経験の浅いメンバーが必要とするドキュメントの整備、システムの運用状況など最新の情報が得られるポータルの提供などが必要になります。

　ドキュメントもポータルも、必要なアクションから定義して整備します。例えば、詳細設計書では理解できず結局コードを見なければならないケースも多々あるでしょう。そのような場合、詳細設計書は不要でも、コードを見るためのガイドは必要です。開発者の能力にも差があるため、ドキュメントだけではすべての情報は伝わらないことを前提に、簡潔さを念頭に必要なドキュメントを整備していかなければなりません。

　メンバーの入れ替えは、チームへの参画期間を書いたアサイン表などを作り、計画的にローテーションを実施するのが望ましいでしょう。教育目的の開発者を新たに加えるのも重要です。その際は、おそらく一定期間ベロシティが下がってしまいますが、チームの新陳代謝を優先し、ステークホルダーのマネジメント層と合意しておく必要があります。

6-5 | 衰退期：シン・ジャーニーの実現に向けたバトンの渡し方

　システムにはいずれ、後続のシステムに移行していく時期が訪れます。企業の戦略や人事制度などの大きな変化により、アウトカムや EX をとらえ直す日が来るからです。つまり、システムの価値自体が衰退していくパターンです。

あるいは、技術の変化により EX を高めるためにもっと良い方法が登場するかもしれません。例えば、SNS（ソーシャルネットワーキングサービス）の普及によるチャットベースの UI の広がりは、その 1 つかもしれません。単純に EOSL（保守・サポートの終了）やコストの問題（例えば安価な SaaS の登場とか）の場合もあります。

　これらの場合、システムはライフサイクルを終え、新たなシステムに移行していくことになります。衰退期後のジャーニーマップである「シン・ジャーニー」に向けてバトンを渡すことを想定しておく必要があります。

衰退期のシステムの刷新タイミング

　上述したように、システムが衰退する理由は大きく 2 つのパターンがあります。

（1）アウトカムを大きく見直す必要がある
（2）EX を高めるためにもっと良い方法がある

　（1）と（2）は相互に影響するところもありますが、（1）は主に会社の戦略や社内の制度の変更に伴うもの、（2）は主に技術的な変化に伴うものになります。

　（1）のようにアウトカムが変わるならば、システムを変更しなければならない可能性が高くなります。成長期でも、事業ごとのアウトカムや KPI が違えば、差異を受け入れるべきだと説明しました。ですが、アウトカムの多様性に耐えられなくなれば、それはシステム刷新の時期と考えます。

　小手先の UI の変更で対応できるケースもないとは言いませんが、社員の目標やモチベーションのあり方も変わってくるだけに、一度価値の立脚点に戻ってジャーニーマップのデザインから始めるのが適切でしょう。結果とし

て、UI の変更で済むかもしれませんが、戦略等の変化は一般的に、新たな投資を伴う場合が多いため、変化の認知上の「シンボル」としてシステムを切り替えるよいタイミングと考えます。これは、成熟期を超えたシステムだけでなく、導入期や成長期を越えられないシステムも同様です。

（2）については、多くが IT の問題かもしれません。技術の変化は使い勝手だけでなく、コスト面でも大きな革新が期待できる場合があります。その場合、新たな技術やアーキテクチャーを組み込むタイミングを探ります。

開発技術の陳腐化は、開発メンバーをあるシステムに塩漬けしてしまうリスクがあり、本人の成長の機会を奪います。組織的には技術のロードマップを作成し、開発メンバーに成長の機会を提示するとともに、計画的に刷新してくべきでしょう。

衰退期のシステムの状態

衰退期と言っても、複数部署に展開したシステムなど、規模が増すにつれ一度にシステムを切り替えることが難しい場合があります。切り替えまで、現在のシステムを延命させる必要もあります。コストをかけず最低限の保守にとどめたいところですが、以下の点に考慮する必要があります。

（1）利用頻度が低くなったとしても、特にセキュリティのケアは必要で、脆弱性が放置されないようにする。

（2）サービス維持に必要な事項に絞り、効率よく稼働できるような仕組みや運用体制とする。例えば、プールした運用チームのメンバーで、複数のシステムを同時に運用するなど、システム維持の仕組みやメンテナンス体制を工夫する。

最終的にクロージングする前には、影響する組織へ事前に計画や制約の伝

達が必要です。並行運用期間やデータの退避、後続システムとの移行計画の立案などを実施します。

衰退期のチームの状態

　コストは掛けられないものの、システムの維持を最後まで実施する必要があります。おそらく、意思決定ができる責任者の設置は必要ですが、PO やスクラムマスターは置きません。

　開発メンバーも同時に複数システムを維持しているケースも多々あります。ただし、メンバーを放置するのではなく、学びになる経験を設定するのが望ましいと考えます。業務負担をかけないようし、次につながるスキルの獲得や調査の時間を確保することで、携わるメンバーのモチベーションを維持し、丁寧に対応する必要があります。

CHAPTER 7

アジャイル開発を支える
システムアーキテクチャー

7章では、本書で説明してきたEX（Employee Experience：従業員体験）を高めるためのシステム／サービスを作り・動かしていくためのシステムアーキテクチャーや関連プロセスについて、主にシステム開発者（＝作る側）の視点から説明します。

7-1 ｜ CX、EXを高める上で必要になってきていること

　企業でCX（Customer Experience：顧客体験）やEXに関わる人物の役割として「ユーザー」と「システム開発者」が挙げられます。両者の役割は、**図表7-1**の意味で用い、説明していきます。

モダンなユーザー体験に慣れているユーザーのために

　サービスの「使い手」としてのユーザーは、クラウドサービス事業者がWebで提供しているビジネス用の各種サービスや、私生活で利用しているWebやモバイルアプリケーションを通して、日常から優れたユーザー体験に慣れています。そこで想定できるのは次のユーザー像です。

図表7-1 本章での用語

役割	意味
ユーザー	サービスの利用者。社外向けのサービス、社内向けのサービス、会社が社外にリリースしている関連企業向けのサービスを利用する役割
システム開発者	サービスを実現するシステムの開発者。ユーザーが使用するシステムに企画・設計・実装・テスト・運用のフェーズで関わる役割（社員と内製開発のためのビジネスパートナー含む）

- B to C（企業対個人）向けサイトの高品質なユーザー体験に慣れている。レスポンスの良い応答が必要
- 従業員の端末は、モバイルと Web の併用が当たり前。双方への対応が必要
- サービスは次々と機能が追加され、情報が増えたり使い勝手がよくなったりするものだと考えている

　こうしたユーザー像を考えたとき、企業が外部に公開するサービスにおいては、優れたユーザー体験を提供することが質の高い CX のため必要だということは広く意識されるようになっています。企業内の業務のために使うサービスにおいても、従業員としての優れたユーザー体験、つまり EX の重要性が高いことは今後、より大切になってくるでしょう。

モダンな開発・運用スタイルに慣れている システム開発者のために

　サービスの「作り手」としてのシステム開発者が、サービスを実現するためのシステムを作り、運用しています。そのシステムを作って動かしていく上では、次のような要求が想定できます。

- 企画のアイデアを実行に移すために必要なシステムの初版を短期間にリリースできる素早い開発が必要
- 施策を次々打ち出して効果を得るために、継続的に機能を追加・入れ替えし続けられることが必要
- サービスの利用度（多い／少ない）に応じて、柔軟に性能を上げ下げできることが必要

これらの要求に応え続けていくためには、一般的に人数に限りがあるシステム開発者が、チームとして高いパフォーマンスを発揮できなければなりません。そのためには、以下についても併せて手を打つ必要があります。

個人として：システム開発者が仕事を通じてそれぞれのスキルを活かし（互いに学び合い、経験者から助言を得る）、かつ自身のスキルを広げ伸ばしていく

チームとして：システム開発者で構成される特定システム用のチームが、効率的なコミュニケーションを持ち、チームとして統制が取れた状態になっている

組織全体として：システム開発者全体を見たとき、チームがいわゆる「サイロ化」せず、有効な情報を流通・連携できるための仕掛けや風土がある

　次節からは、主にシステム開発者の目線に重心を置き、アジャイル開発を支えるシステムアーキテクチャーやプロセスについて考えていきます。

7-2 ｜ 柔軟性を実現するための アーキテクチャーとプロセス

パブリッククラウドの 各種サービスの利用・実用化状況

　パブリッククラウドが2000年代初めに登場し、今日では企業システムにおいても活用されるようになっています。パブリッククラウドは、インフラやミドルウェアがサービスとして提供され、利用する側はサービスを利用した対価をクラウド事業者に支払います。パブリッククラウドのサービス利用

契約では、「使っただけ費用を払う」形になっている部分が多く、上手にサービスを活用すれば、クラウドサービス利用の総コストを抑えながら、システムを開発・運用していくことも可能になります。

　サービスの種類も、IaaS（Infrastructure as a service）、PaaS（Platform as a service）、SaaS（Software as a service）といったカテゴリーにおいて、それぞれのベンダーが多数サービスを提供しています。作りたいシステムに合わせて適切なサービスを組み合わせるところは、システム開発者の腕の見せ所と言えるでしょう。

　これらのパブリッククラウドサービスを使えば、クラウド以前では必要だったシステムの非機能要件に応じたサイジング（性能などの見積もり）や、サーバー機器やミドルウェア群のライセンスの調達、調達した機器とソフトウェアをデータセンターの環境上に構築するために必要な工期を大幅に削減できるようになりました。

　こうした特性を持つパブリッククラウドの活用ステップは大きく2つが考えられます。最初のステップは、それまで企業内環境（オンプレミス）で作ってきたシステムをクラウドにそのままの形で移設する（＝クラウドへの「リフト」）です。次のステップは、パブリッククラウドが提供するクラウドサービスを前提に、システムをクラウド向けに最適化すること（＝クラウドへの「シフト」）です。

　日本では、多くの企業が何らかの形でクラウドへの移設を経験済みです。クラウド活用に意欲的な企業はクラウド最適化への取り組みを進めています（『企業IT動向調査報告書』、日本情報システム・ユーザー協会、2021より）。

クラウドネイティブ型のアーキテクチャー

　クラウドに最適化されたシステムアーキテクチャーの1つに「クラウドネイティブ」があります。パブリッククラウドならではの制約事項（代表

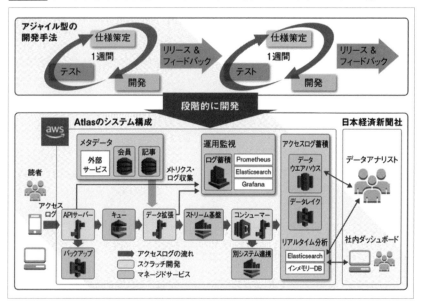

出典：「アクセス分析基盤をAWSで刷新 データ検証に基づく意思決定を可能に」、日鉄ソリューションズ、
https://www.nssol.nipponsteel.com/casestudy/2537.html

例：パブリッククラウドサービスは、ある程度ダウンする場合があることを
前提にする）を考慮しつつ、パブリッククラウドならではのメリット（代表
例：スケールアップ／スケールダウン、運用コスト低減、「使っただけ」課金）
の享受を目指すものです。

　クラウドネイティブ型アーキテクチャーの例を**図表 7-2** に挙げます。こ
こで実現されているシステムは、パブリッククラウドが提供するサービス群
（図中では 1 つのアイコンが 1 つのサービスに相当）をつなぎ合わせ、デー
タの入力側（図の左側）から次々と入力される内容をストリーム基盤に流し、
後段のデータ利用側で蓄積・利用するものです。

　図中左の「読者」側から流れて来るアクセスログを最初に受け取る「API（ア

プリケーションプログラミングインタフェース）サーバー」には、スケールアップ／スケールダウンがしやすいサービスを使用することで、1日の中での負荷変動に対応しています。負荷が高ければは稼働台数を増やして性能を上げ、負荷が下がれば稼働台数を減らしコストを下げます。この仕組みを組み込むことで、システム開発者は、負荷の増減に都度対応する必要がありません。

　このように、ここ20年くらいの間にクラウドコンピューティングが普及し、従来の制約にとらわれない形でのシステム開発が可能になり、エンタープライズシステムを実現するためのプラットフォームの選択肢の1つになりました。では、どのようなシステム開発の形があり得るのでしょうか。

システム開発する範囲とその分け方

　企業活動は、さまざまな業務で構成されています。その業務は、それぞれの企業ビジネスの対象や、これまでの活動経緯により、各企業それぞれのスタイルを持ちます。これらの業務を上手に組み合わせ、企業活動を効率的に進め、より価値が高い成果を出していくことが企業経営には求められます。

　それら一つ一つの業務に対し、複数の業務プロセスを整理できるでしょう。プロセス部分を自動化・効率化するためのツール、あるいはプロセスをつなげるツールとしてIT（情報技術）を活用することが有用な場合があります。

　システム化にあたっては、業務とマッチした範囲を分析して切り出し、業務の言葉に合わせたモデル化を実施します。開発方法論の1つに「ドメイン駆動開発」があります。ドメイン駆動開発は、業務に関するエキスパート（エンジニアとは限らない）が使っている言葉を元に、業務上の対象や操作を分析・整理し、システムの設計に落とし込んでいく手法です。複数業務の中で、同じ言葉が通用する範囲、すなわちドメイン境界に注意しながら作業を進め

ていくことを重要視します。

システム開発に求められる観点

CX、EX の観点で、システム開発には、どのような観点が求められるでしょうか。それをまとめたのが**図表 7-3** です。

素早さ：まずは初期のリリースを早期に実現するための素早さが挙げられます。CX ／ EX のための着想をシステムとして実現しようとしたとき、CX であれば他社に先駆けて世に出すことはビジネス上重要です。EX においても、社内に対してすぐに形にしてリリースし、社員からの声を集めていくスピード感は EX に向けた活動として効果的でしょう。

次に、初期リリース後の機能追加や改善のための素早さがあります。B to C 向けのスマホアプリを見れば分かるように、アプリのアップデートは数週間、早ければ 2 週間に一度程度、何らかのアップデートがなされています。そこに CX 向けのシステムでは対応していく必要があります。

図表7-3 システム開発に求められる観点

項目	内容
素早さ	・初期システムリリースを短期間で実現できる ・機能追加のためのシステムリリースに必要な時間を短くできる
柔軟性	・サービスに求められる内容をシステムの機能として実現しやすい ・実現したい業務の内容をシステム側の都合で「できない」を言わない
運用しやすさ	・システムを動かしていくために大きな手間がかからない ・システムを動かしていくコストを利用フェーズに合わせて最適にしやすい
確認しやすさ	・システムが「動いている」状態で、その動きを確認できることで、より良い使い勝手に向かったアイデアが浮かびやすくなる ・すべてができた後でなくても、途中途中で動作を確認できる仕組みにしておくことが開発関係者の安心につながる

EX 向けのシステムは、CX 向けほど高頻度ではないかもしれませんが、従業員からの声を反映させるために数カ月もかかっているようでは、高い EX を実現するという目的にはマイナスに作用することが考えられます。

柔軟性：サービスが求める内容をシステムとして実現しやすいことです。システムの構造上、「○○ができない」という発想は、あるべき姿を IT で作り上げる観点と照らし合わせると本末転倒です。実現すべき要求に対し、システム開発者らが何らかの方法で取り組めるようにする仕組みが整備されていることが、CX を目指す観点でも EX に向かう観点でも必要になります。

運用しやすさ：システムを動かした後、どれだけ省力化して動かし続けられるのかに注意する必要があります。サービスをどんどん作り、機能を付け足していきたいとき、それぞれを動かし続けていくなかで、注意すべきところもどんどん増えてしまっては、動かす側の負担が増え、結果としてサービスの改善に使える時間が減っていくことになります。いかに少ない手間暇でシステムを動かし続けられるかは大切な観点の 1 つです。

確認しやすさ：まずは、これから作ろうとしているサービスの一部について、断片的であっても、その効果が確認しやすくなければなりません。よく使う基本的な作業導線に沿って、システムがどの程度サポートできるかを示したり、使う側にとってメリットがありそうかを示したりすることは、継続性の観点で大切です。
　機能をリリースするための開発ステップでは、作っていく部分機能群が、どのように動き関連するかについて、サービス提供者側が、いつでも確認できるような状態を提供する必要もあります。「できあがるまでは分からない」というデメリットが大きいケースでの問題を避けるのです。

開発スタイル３種

　これらの観点の下、システムを開発するうえでの開発スタイルには、大きく３つのタイプが考えられます（**図表 7-4**）。それぞれの特徴を踏まえたうえで、目の前の業務に適用する IT としては、どれが目的に適しているかを検討・決定していくことが有用です。システムで実現すべき IT の範囲が大きい場合は、複数のタイプを組み合わせることも効果的かもしれません。

クラウドサービス活用：システム化したい業務に対し、「企業が自身でシステムは作らず、ありものを使う」方針であれば、クラウドサービス活用タイプが最初の選択肢になるでしょう。クラウドサービス活用によって業務が実現できるのなら、システムを一から作らなくて良い分、システム利用開始までの時間の短縮が容易になります。運用にかかるサービス利用料金なども併せて考え、システム化に許された予算範囲に収まるようであれば、有力な選択肢になります。

ローコード開発：システム開発において、開発者が「作る」部分をできるだけ減らせるようにまとめた「ローコード開発プラットフォーム」を活用するタイプです。
　先に説明したように、企業の業務スタイルはさまざまであり、クラウドサー

図表7-4　開発スタイル３タイプ

タイプ	内容
クラウドサービス活用	業務の要件を満たすようなクラウドサービス（SaaS：Software as a Service）を選択し、システムで活用する
ローコード開発	開発を省力化するためのプラットフォーム製品を用いて、システムを開発する
スクラッチ開発	システム開発用の言語やフレームワークを用いて、設計・開発する

ビスが用意するシステム機能だけでは、業務の IT 活用が実現できない、あるいは実現できるとしてもカスタマイズのための手間が大きくなる場合があります。「ありものでは足りないため自身でシステムを作る」方針になれば、ローコード開発、あるいは、もう 1 つのスクラッチ開発が選択肢になります。

　ローコード開発プラットフォームには、システム開発に必要な部品群や動作環境、データベースやシステム開発用のリポジトリなどがまとめられています。システム開発者は、それらを自身で用意する必要がありません。提供される部品群を組み合わせ、画面などをカスタマイズすることでシステム開発を進めることで、リリースまでの期間の短縮が期待できます。プラットフォームが用意する範囲に、画面の複雑さやデータ構造の要件が収まれば、その効果を享受しやすくなります。言い換えれば、ローコード開発は、ある程度の複雑さまでの業務が対象になります。

スクラッチ開発：「ありものでは足りず自身でシステムを作る」という方針になり、ローコード開発での対応が適当でない場合は、スクラッチ開発が選択肢になります。

　スクラッチ開発を、何もない所からシステムを作ると考えると、決め事や作る内容が多くなり困難な印象があります。しかし、この課題に対し、難しさを抑えていくための設計方法論や、開発に必要な手間を減らし必要なところに集中しやすくするような開発フレームワークが、さまざまに考えられ、現場に適用されています。それらの環境整備と合わせて考える必要があります。

開発方法論でアジャイル開発を選ぶ意味

　開発スタイルと合わせて検討すべきなのが開発方法論です。本書では何度も言及してきましたが、改めて整理すれば、大きく 2 つの方法論があります（**図表 7-5**）。それぞれに得手不得手があり、すべての開発プロジェクトにお

図表7-5 ウォータオーフォール型とアジャイル型

方法論	内容
ウォーターフォール型	・要件定義・設計・実装などでフェーズ分けを定義し、それぞれのフェーズで規定された内容を実現していく ・要件はプロジェクト冒頭で洗い出す
アジャイル型	・ある程度要件を決めた上で、システムで実現すべき機能を順に完成させていく ・実現すべき内容をプロジェクトの中で順次詰めていく

いて、どちらかが秀でているということではありません。開発プロジェクトが扱う問題の大きさや難易度に応じて選択します。

ウォーターフォール型：ウォーターフォール型が向く例として、企業間の電子商取引（EDI：Electronic Data Interchange）インタフェースを考えてみます。EDIでは、相互の企業が実現すべき事柄を精緻に取り決め、さまざまなエラーケースに対応するために、業務仕様を精緻にドキュメント化し、業務仕様と機能仕様の整合を取った上でプログラムを実装しなければなりません。完成したプログラムに対しては、完全な機能テスト、性能要求まで耐えられるような性能テストを課し、定義した事柄が確実にシステムとして実現されていることを担保する必要があります。

　こうした場合には、ウォーターフォール型開発プロセスである、各段階で実現すべき内容をしっかり取り決め、必要な成果物を残しながらステップを進むという特徴が活きてきます。

　ここで重要なのは、プロセスを形だけ守っていてもソフトウェア開発はうまくいかないということです。各フェーズでの決め事をきっちりと議論・検討を進めた形で整理し、後段で困ることがないような見通しを持って進められるだけの、プロジェクトや技術のマネジメント力が問われます。一定規模の開発プロジェクトを繰り返し実施しているような組織であれば、何かしらの形式知・暗黙知を取り混ぜた形があることでしょう。

一方、ウォーターフォール型がマッチしない例としては、CX・EXのためのサービスを実現していくためにITを活用するケースがあります。CX・EXを意識したサービスの提供にあたっては、ユーザーに価値を素早く届けていくことが重要になります。この素早さには、上述したように、まず使い始めるまでの時間の素早さ（「使い始めるのに2年かかります」では機を逸する）や、使い始めてからユーザーの利用体験を見ながらサービスとそのためのITを機能追加・改善していくための時間の素早さの両方が必要です。こういった素早さを求められる開発プロジェクトには、ウォーターフォール型は向きません。

アジャイル型：サービスの全体像を仮説としてとらえたうえで、全体像の一部を随時実現し、利用者のフィードバックを得て改善していくことが必要なサービス開発に、アジャイル型プロセスが向いています。

　サービス開発、その実現のためのITをアジャイル（俊敏）に作っていくためには、アジャイルに適した進め方やプロジェクト内の組織構造・規模（「2ピザ・チーム＝ピザ2枚を配れるくらいの人数」など）が前提になります。使用するITについても、アジャイル型が要求するようなスピード感にあったものを選ぶことになります。

7-3 ｜ システム開発のために整備しておくべきもの

　システム開発にあたり、プロジェクト共通で整備しておくと有用なものに、対象業務によらず必要な共通機能や、開発／コラボレーション用のツールがあります。これらを企業内で同じものを広く使えるようにしておけば、次のメリットが得られます。

- ツールや共通ライブラリの利用方法が同じであれば、システム開発者が別のプロジェクトに参加したときにも仕事の手順を新たに覚える必要がない
- チュートリアル等の入門資料を揃えやすくなり、新規開発メンバーのオンボーディングの時間を短くできる
- 同じ方式でモニタリングできるため運用面でもメリットが得やすい

開発向けに用意したい仕掛け

開発向けに有用な仕掛けを**図表7-6**に挙げます。

リポジトリ（ソース、ライブラリ、コンテナ）：システム開発者が作業を始めるにあたり、作り出したソースコードや設定、必要な道具立ての一式を管理して置ける仕組みとして、リポジトリが必要になります。一つ一つのファイルにバージョンを持ち、バージョン間の違いを追っていける仕組みがある環境は、システム開発者が確実に作業を進めていくためには、なくてはならないものです。

コミュニケーションツール（チャット、ビデオ会議）：作業を進めるに当たっては、相互の状況を報告したり、疑問点を確認し合ったりしなければなりません。しかし、システム開発者は、プログラマーとしてプログラミング言語

図表7-6 開発向けに用意したい仕掛け

項目
リポジトリ(ソース、ライブラリ、コンテナ)
コミュニケーションツール(チャット、ビデオ会議)
CI／CDツール
マイルストーン・イシュー・チケット管理
高性能の個人用計算機もしくはクラウド上の統合開発環境

の実装に集中するために一定の時間を確保する必要があるため、集中している時間帯には割り込まず、いわば非同期な形でコミュニケーションができることが、個別プログラミング業務に対しては有益だとされています。

　一方で、個々人の効率性とは別に、組織として複数メンバーの理解・合意を得ることが重要な場合には、一定の時刻に関係者が集まり、議論し、決め事を確定させていくことが有用な場面があります。このようなオンラインとオフラインの場面で併用できるツールを選定・活用することも大切です。

CI ／ CD ツール：システム開発者がプログラミングで作り上げた成果物は、将来にリリースされるシステムの資源として継続的にリポジトリに取り入れる必要があります。ですが、取り入れる際、対象が適切かどうか、少なくともこのプロジェクトで規定した一定の品質を保っているか、という点に関し、システム開発者が意識しなくても、仕組みがチェックしてくれる範囲が大きくなれば、手間の削減につながります。そうした仕組みを提供するのが CI ／ CD（継続的インテグレーションと継続的デリバリー）ツールです（**図表 7-7**）。

マイルストーン・イシュー・チケット管理：プロジェクトを進めていくうえで、目標の実現度を初めて確認するときや、その後に継続的に確認していくには、その期間になすべきことは何だったか、どのように取り組んだか、どの程度の労力をかけたかという情報を元に、プロジェクトの運営を改善していくことも大切になります。マイルストーン・イシュー・チケット管理システムは、この目的に活用できます。

高性能の個人用計算機もしくはクラウド上の統合開発環境：個々のシステム開発者が日々相対する、目の前の開発環境が快適に利用できることが不可欠です。ローカルにある程度の環境を持つことが許されるなら、予算枠の中で十分な（できれば、その時点においては過剰とも言えるかもしれない）性能

図表7-7 開発〜運用までのCI/CDの流れ

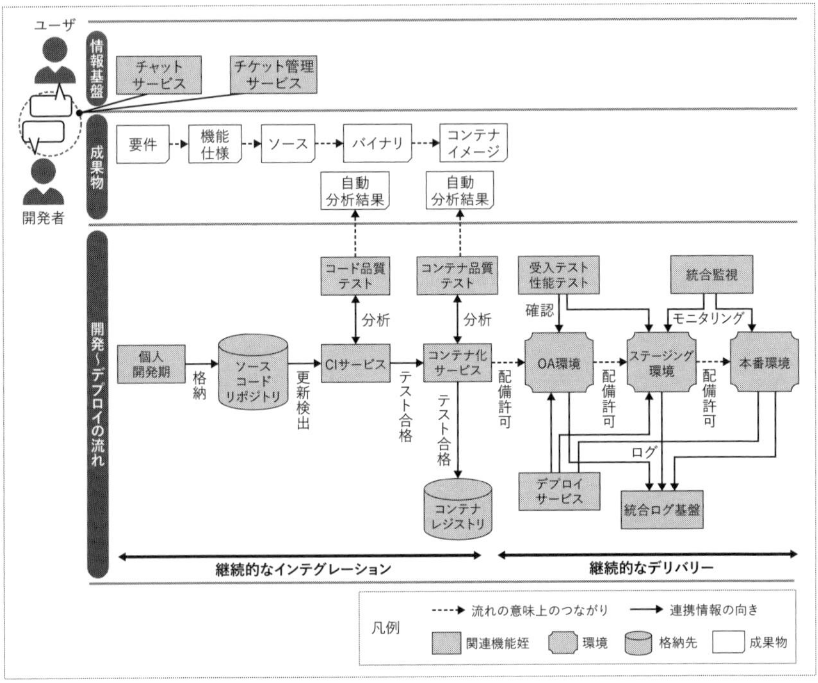

の機材を利用できることが、よりよい CX ／ EX を考えていくためのベースラインとして価値があるでしょう。

　ローカルな環境では、すぐには資材の用意が難しい場合は、クラウド上で開発環境を構築するという手段も十分に現実的な解に近づきつつあります。

運用向けに用意したい仕掛け

　運用においては、**図版 7-8** に示す仕掛けが有用です。

図表7-8 運用向けに用意したい仕掛け

項目
セキュリティ担保のための認証・認可の仕掛け
アクセスログ管理のためのロギング基盤
モニタリングのためのダッシュボード

セキュリティ担保のための認証・認可の仕掛け：企業のサービスにおいて、情報を操作・閲覧に対し、ユーザー認証、ユーザー権限の認可ができることは統制（ガバナンス）のための必須要件です。システム開発時は、システム開発者が利用できる認証・認可のためのサービスを整備し、システムごとに対応しなければならない部分を減らす必要があります。

アクセスログ管理のためのロギング基盤：システム開発者は、開発するシステムについて、誰が、いつ、どんなデータにアクセスしたかという証左を残すことも求められるでしょう。その際にシステム開発者が、さまざまなシステムからログを収集・蓄積・検索したり、それらをシステムごとに工夫したりするのではなく、必要なログを一元管理できる仕掛けを企業内で利用できるサービスとして用意することが有用です。

モニタリングのためのダッシュボード：システムの構成要素が正常に稼働しているか、アクセス状況はどうなっているか、リソースは足りているかといった状態について、システム開発者がシステム全体として鳥瞰できたり、個別の構成要素についてドリルダウンにより詳細な状況が把握できたりすることも、運用では必要です。各種メトリクスを取得・収集・蓄積するための仕組みも企業システム内でサービス化されていることが有用です。

7-4 │ 既存システムとの接続

多くのシステムは、単独で動作
することは少なく、他のシステム
と連携して動作しています。シス
テムAがシステムBを利用する
連携を示したのが**図表7-8**です。

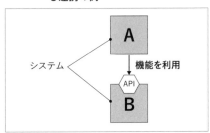

図表7-8 システムAがシステムBを利用する連携の例

疎結合と密結合

システムAがシステムBを呼び出すには、何らかのインタフェースを用
意する必要があります。インタフェースを取り決める際は、システムAと
システムBは、できるかぎり互いの内部事情（データの細かな扱いや、シ
ステムの稼働状況など）を考慮せずにやり取りできるようにすることがシス
テムとしての見通しのよさや運用のしやすさにつながります。こうした連携
を「疎結合」と呼びます（**図表7-9**の右）。

「疎結合」の逆は「密結合」です。要素が互いに密接に結びついており、
それぞれの事情だけでの変更がしにくかったり、要素の交換ができなかった
りする状態です。

図表7-9 密結合（左）と疎結合（右）のイメージ

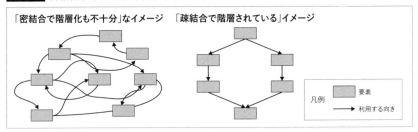

疎結合のために利用できる通信手順には、いわゆる REST ／ JSON 形式の Web-API をはじめ、メッセージキューやファイルの送受信など、いくつかの方法があります。パブリッククラウド上のサービス間の接続も、疎結合を前提に設計されており、システム開発において疎結合を実現するための部品として活用できます。

既存システムとの接続、クリアすべき課題

CX ／ EX を目指すサービスの開発においては、システム構成そのものに加え、扱うデータについて考えることが重要です。企業が業務で用いるサービスは、システムだけで関連性が閉じてしまうことはなく、必ずと言っていいほど、他システムとの連携が必要になります。

企業が、アジャイルを学んだり、開発スタイルやツール群の使い方に慣れたりするため、システム単独で動作するような簡単なアプリケーションをPoC（Proof of Concept：概念実証）として開発してみることはよくあります。ですが、既存システムと連携ができないと、一連の業務の中で使用するシステムとしては、ユーザーが価値をあまり見いだせないものになりがちです。

何か新しいサービスをデザインし、その価値を引き出すために既存システムとの連携が必要になったとき、本番環境で扱っているデータが、これから作ろうとしているサービス（と、そのためのシステム）上で扱えるかどうかは大きな課題であり、検討項目が出てきます（**図表 7-10**）。

図表 7-7 に挙げた検討項目は、商用データを扱う際には考えなければならない課題であり、企業内での他チームとの相談が必要になることが多くなります。企業規模によっては、それぞれの課題に対して相談先が異なったり、場合によっては適切な相談先を探すことに時間がかかったりする場合もあるでしょう。サービスを作る側が個別に検討することには限りがあり、それら複数の相談先にしても、他組織との確認や調整が必要になり効率が悪くなります。

図表7-10 本番環境との接続での課題例

課題	内容
データの扱い	・既存の企業の本番環境のデータを企業のルール上、本番環境以外で扱えるかというルールの問題
セキュリティ	・本番環境と同程度のセキュリティレベルを作ろうとしているサービス（とそのためのシステム）で担保できるか、担保するためのコストに対応できるかという問題
運用レベル	・本番環境と同程度の運用レベルに対応できるかという問題。例えば、これから作ろうとしているサービスは、24時間365日動いている必要はないかもしれないが、動作状況のモニタリング、ログの保存期間などは本番環境レベルが必要になるケースなど

　こうした問題への対応策として、専任の組織を考え、設立している例があります。その1つが、パブリッククラウド利活用のための組織である「CCoE（Cloud Center of Excellence）」です。

　CCoEは、商用レベルのサービスをパブリッククラウド上で構築・運用する際の相談窓口となり、セキュリティ上の考慮や、パブリッククラウドのマネージドサービスを使う上での基準・注意事項などについて、サービスを開発するシステム開発者に助言を与えたり、解決策を共に考えたりする機能を持ちます。

　クラウドに限らず、内製開発を支援するような窓口を整備することは、内製開発をある程度の規模で進めていく上では有効になってきます。

既存システム側の改修が難しい場合のアイデア

　CX／EXに重点を置く新サービスのためのシステム開発において、既存システムが外部からの利用に利便性が高いAPIを公開していれば、接続のための手順は比較的容易です。ですが既存システムが外部システム用のAPIを用意しておらず、人が操作する画面しかインタフェースがない場合などは、接続は簡単ではありません。

図表7-11 既存システムがAPIを持たない場合、画面を
スクレイピングし情報を取得する

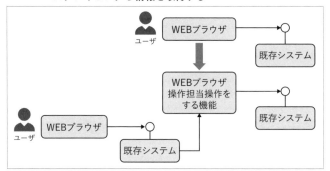

図表7-12 既存システムと新サービス用システムを併用する例

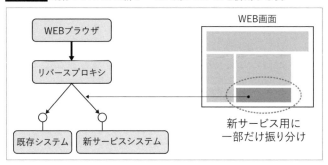

　そうした場合に使える手段にスクレイピングがあります（**図表 7-11**）。人間による Web 画面の操作に相当する動作を代行できるプログラムを作成して既存システムから情報を取得することで、必要な情報の新システム側での利用を可能にします。

　既存システムの一部を切り出して改善するようなサービスを検討する場合もあります。例えば、ユーザー体験がイマイチな一部の機能について操作用の画面を差し替えたり、既存システムと他のサービスを組み合わせて新しいユーザー体験を作ったりしたい場合、既存システム側の改修ができなかった

りスケジュールに乗らなかったりするケースです。

　このようなケースでは、既存の機能と新サービスの機能を併用する方式を
検討する必要があります。例えば、1 つの画面を構成する部品群で、一部だ
けを新サービスから提供するようなケースでは**図表 7-12** のような構成が取
れます。

既存システムからの段階的な移行のアイデア

　既存システムの画面の一部だけを新サービス用のシステムから出力するよ
うにするための実現方式としては、例えば、リバースプロキシで URL ごと
に処理を 2 つのシステムに振り分けるような構成が取れます。

　CX ／ EX を重要視しシステムを作り替える場合、最初から、すべてを作
るのではなく、既存システムの機能群を徐々に置き換えていき、最終的に、
すべての機能群を刷新後の新システムで実現するような計画を立てることも
できます。そのようなパターンを実行するための手順の 1 つに「ストラン
グラーパターン」があります（**図表 7-13**）。

図表7-13 段階的な移行を実現する「ストラングラーパターン」

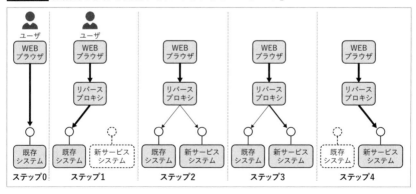

図 7-13 では、まずステップ 0 の初期状態では既存システムだけがあります。ステップ 1 では、既存システムとの間に処理を振り分けるためのリバースプロキシを配置し処理のすべてを既存システムに流しています。ステップ 2 からは新サービス用のシステムで実現されている機能の活用を始め、ステップ 3 で徐々に新サービス側機能を使うようにし、最終のステップ 4 では新サービスだけで業務処理を実現します。

おわりに

日鉄ソリューションズ株式会社とは

　日鉄ソリューションズ株式会社（以下 NSSOL）は、企業向け IT システム開発、インテグレーションを生業としているシステムインテグレーターである。NSSOL の親会社は日本製鉄だが「鉄業界」だけでなく、金融、製造、小売りなど複数のドメインポートフォリオを持つ。またシステム化の企画から開発・運用まで広くサービスを提供しているだけでなく、いくつかのクラウドサービスも提供しており、それぞれの領域においてリーダー的なポジションを確立している。

我々はなにものか

　この書籍は NSSOL の社員 6 人で執筆した。NSSOL には、「NSSOL アカデミー」という通常業務とは別に、NSSOL 内の認定リーディングプロフェッショナル（社内有識者）で構成された、社員同士が自主的に相互に学び、成長しあう場がある。我々は、その組織下で「サービスデザインワーキンググループ」というチームを組成し、サービスデザインやプロダクトマネジメントを通じた価値創出探求、および社内研修活動をしている。

　6 人はそれぞれ、システム開発の方法論や基盤の研究開発、サービスデザインによるサービス開発やシステム開発の要件獲得、基盤からアプリケーション分野に渡る IT アーキテクティングおよびアーキテクチャーコンサルティングを提供するアーキテクト、アジャイル開発のプロジェクトマネジメント、IT コンサル、人材開発など、多様な経験を持ち第一線で活動しているリーディングメンバーである。

本書企画の背景

　私は、NSSOL の前身である新日本製鐵株式会社で IT を外部サービスとして提供する新規事業部門に配属され、30 年近く本業界の仕事に従事している。その長いキャリアの中で、3 分の 2 以上を「システム研究開発センター」という NSSOL

内研究所の研究員として、主にアプリケーション開発の生産性向上の研究および当該領域における実システム開発に従事してきた。その後、私が研究の軸足を生産性向上面から「デザイン」面に移したのが 2011 年、今からおよそ十年前である。

　昨今は DX（デジタルトランスフォーメーション）時代が謳われ、企業内製化が進みつつある。だが十数年前は、顧客企業が主体になりシステム化構想やシステムの要求をとりまとめ、システム開発はシステムインテグレーター（SIer）にアウトソースするという流れが主流だった。

　システム開発は、すべてが順調というものではなく、顧客企業側でシステム要求をまとめる「上流工程」起因のシステム構築上の課題が問題になることが多かった。例えば「開発を経てテスト工程になってから追加要求が多発し、開発が終わらない」「システム開発は完了したものの、現場業務に定着せず当初期待の経営効果を得られない、いわゆる “使われないシステム”」などである。

　原因は他にも、いろいろあるだろうが当時の私は、システムインテグレーターとして責任ある立場であるなら、「より上流の課題に向き合わなければならない」と感じ、研究テーマの軸足を上流に移した。「上流にてサービスデザイン・デザイン思考・人間中心設計の考え方を取り入れ、アジャイルプラクティスによる試行錯誤開発と組み合わせることで、よりシステムによる顧客価値を追求できないか」という研究テーマをおき、研究要員を集め検討を開始した。

　そして、顧客要件獲得への “デザイン” 適用やシステムインテグレーターにおける「あるべきデザイナー像」を定義し、「Beyond Experience Design Center（以下 BXDC）」というデザインセンターを研究所内に創設し現在に至っている。

　この間、「顧客企業の情報部門だけでなく業務担当の方々」とも一緒に、従来のSI のやり方ではない、さまざまな取り組みを試行錯誤し、数多くのプロジェクトを実践してきた。数度の失敗、反省による改善を繰り返し、暗黙知を形式知化し、愚直に実績を作りながら自分たちのケーパビリティを確立してきた。

　本書は、我々の、この数年間の活動中で得た知見・ノウハウの中から、さまざ

まな企業の価値向上にお役に立つであろう、お伝えしたい大切なエッセンスを紹介している。なるべく専門家向けの言及にならないようにし、情報部門の方だけではなく経営に従事される方々にも、全体像やポイントがつかめるようにまとめたつもりである。ぜひ、情報部門や経営に従事される方々に手を取っていただき、これからの DX・内製化の時代に向け新たな取り組みへの参考にしていただきたい。

技術本部システム研究開発センター サービスデザイン研究部長 斉藤康弘

著者紹介

斉藤康弘（1章、2章、おわりに）

技術本部システム研究開発センター サービスデザイン研究部部長
1992年新日本製鐵株式会社（現日本製鉄株式会社）入社。2010年新日鉄ソリューションズ株式会社（現日鉄ソリューションズ株式会社：NSSOL）転籍。一般消費者向けアプリケーションソフトの販売サポートエンジニア、製鉄所等の基幹システム開発のITアーキテクト、オブジェクト指向分散システムやアプリケーションフレームワーク／システム開発標準の研究開発を経て、2017年にNSSOL内デザイン専門組織「Beyond Experience Design Center（BXDC）」を立ち上げる。経営学修士、Parc certified Field worker

恵島 之維（はじめに、3章、4章）

技術本部システム研究開発センター サービスデザイン研究部 BXDC デザイナー
2012年新日鉄ソリューションズ株式会社（現日鉄ソリューションズ株式会社）入社。入社来、エンタープライズシステム開発におけるデザイン・開発プロセスの研究に従事。製造小売業、通信業、サービス業等において社内システムのリードUXデザイナー、フロントエンドアーキテクト、エンジニア、アジャイルコーチを担う。HCD-Net認定 人間中心設計専門家。Certified Scrum Professional – ScrumMaster

増田 裕也（3章、4章）

システム研究開発センター アーキテクチャ＆プロセスデザイン研究部 主務研究員
2008年新日鉄ソリューションズ株式会社（現日鉄ソリューションズ株式会社）入社。小売業、ネットサービス事業向けのエンジニア、アーキテクト、PMを経験した後、開発プロセスの研究者として特にDevOpsの研究と社内展開に従事。Certified ScrumMaster、米国PMI認定PMP

向 正道（5章、6章）

人事本部 採用・人材開発センター 専門部長
1991年新日本製鐵株式会社（現日本製鉄株式会社）入社。2010年新日鉄ソリューションズ株式会社（現日鉄ソリューションズ株式会社）転籍。基幹系システムの構築、IT戦略・IT組織運営のコンサルティング（部門責任者）、ITサービス事業企画、技術者育成等の推進だけでなく、社内システムのPOを担う。開志専門職大学 教授、日本情報システムユーザ協会 企業IT動向調査副委員長、経営情報学会 理事。著書に『経営・事業・ITの三者で進める ITマネジメントの新機軸』（日経BP社）などがある

秋葉 尊（5章、6章）

産業ソリューション事業部 アドバンストエンジニアリング部部長、人事本部 採用・人材開発センター
2005年新日鉄ソリューションズ株式会社（現日鉄ソリューションズ株式会社）入社。製造業、通信業、サービス業にて、エンタープライズシステムの構築、各種 ITサービスのプロダクトライフサイクル全域におけるPM／POを担う。Certified Scrum Product Owner、Certified ScrumMaster

伊藤 宏樹（7章）

デジタルソリューション＆コンサルティング本部 DX＆イノベーションセンター アーキテクチャ＆コンサルティング部 部長
2002年新日鉄ソリューションズ株式会社（現日鉄ソリューションズ株式会社）入社。エンタープライズレベルのシステムアーキテクチャーにつき、上流〜開発フェーズでコンサルティング・アーキテクティングを担う。

本書のご感想をぜひお寄せください

https://book.impress.co.jp/books/1124101014

読者登録サービス
CLUB Impress

アンケート回答者の中から、抽選で**図書カード（1,000円分）**
などを毎月プレゼント。
当選者の発表は賞品の発送をもって代えさせていただきます。
※プレゼントの賞品は変更になる場合があります。

■商品に関する問い合わせ先

このたびは弊社商品をご購入いただきありがとうございます。本書の内容などに関するお問い
合わせは、下記のURLまたは二次元バーコードにある問い合わせフォームからお送りください。

https://book.impress.co.jp/info/

上記フォームがご利用いただけない場合のメールでの問い合わせ先
info@impress.co.jp

※お問い合わせの際は、書名、ISBN、お名前、お電話番号、メールアドレスに加えて、「該当する
ページ」と「具体的なご質問内容」「お使いの動作環境」を必ずご明記ください。なお、本書の範囲
を超えるご質問にはお答えできないのでご了承ください。

- ●電話やFAX でのご質問には対応しておりません。また、封書でのお問い合わせは回答までに日数をい
  ただく場合があります。あらかじめご了承ください。
- ●インプレスブックスの本書情報ページ https://book.impress.co.jp/books/XXXXXXXXXX では、本書
  のサポート情報や正誤表・訂正情報などを提供しています。あわせてご確認ください。
- ●本書の奥付に記載されている初版発行日から3 年が経過した場合、もしくは本書で紹介している製品や
  サービスについて提供会社によるサポートが終了した場合はご質問にお答えできない場合があります。

■落丁・乱丁本などの問い合わせ先

FAX　03-6837-5023
service@impress.co.jp
※古書店で購入された商品はお取り替えできません。

■Staff：デザイン／吉村 朋子　本文制作・イラスト図版／山本 淳夫

エクスペリエンス指向のシステム開発
従業員体験が顧客体験を高める

2024年 6月 11日 初版発行

著　者　NSSOLアカデミー・サービスデザインワーキンググループ

発行人　高橋隆志

編集人　中村照明

発行所　株式会社インプレス
　　　　〒101-0051　東京都千代田区神田神保町一丁目105番地

印刷所　シナノ書籍印刷株式会社

ISBN978-4-295-01905-3 C0034

Printed in Japan